JN075730

# メンターは
# 前世のグラン・メール

時空を超えた存在からの、心ほどけるメッセージ

もりえみ 著

# はじめに

みなさんには、「メンター」と呼べる存在はいますか？

迷いや悩みがあるとき、真っ先に相談するような、完全に信頼できる人はいますか？

そういう存在がいるだけで、精神的にすごく心強いし、助けになりますよね。時には、人生の道標にもなってくれます。


わたしは25年以上、霊視占い師として、その人の〝声〟を聞いて鑑定することを仕事としています。これまでたくさんの方の鑑定をさせていただいてきましたし、たくさんの悩みや相談を聞いてきました。

一見すると、話を聞く側のわたし自身は霊視もできるのだから悩みなどなくて、誰かに頼らなくても問題解決して生きていけそう、と思われるかもしれません。

でも、わたしにも「メンター」と呼べるような存在がいます。毎日話を聞いてもらって助けてもらっているし、なんなら頼りきっています（笑）。

ただ、わたしのメンター、ちょっと変わっているんです。

それは、**今、生きている人ではない**ということ。

わたしはその存在を、**「ばあや」**と呼んでいます。

ばあやと最初に出会ったのは、わたしが幼稚園児のときでした。正確には、出会ったというより、〝繋がった〟のですが。

当時の記憶として、ばあやは大勢の中の一人というイメージでした。というのも、わたしは幼い頃から、たくさんの目に見えない存在の声を聞くことができたからです。

いわゆる「霊能力」なのでしょう。

誰もいないのに背後から話しかけられることは日常茶飯事でした。

小学校低学年の頃になると、わたしの母の姉が闘病していた関係で、母親は夜お勤めに出掛けていたので、毎晩わたしと妹で留守番していたのですが、母がいない状態で眠るのが怖かったんです。そこで、わたしが信じていて安心できる存在として、いつも繋がっていた男の人と女の人の絵を描いて、見えるところに貼って〝交信〟していました。つまり、目に見えない存在と**対話**していたのです。

その様子をずっと見てきた妹は、今でもわたし以上に当時のことを記憶していて、

「お姉ちゃん、よく壁に向かって一人で笑って話していたよね」

なんて言われます。

これが、霊能者もりえみの子ども時代。

当時から、目に見えない存在と「繋がりたい」と意識はしていたのですが、あまりにもたくさんの繋がることができる存在がいたんです。なので、

「この存在は、わたしの魂と繋がっている特別な存在なのか、それともわたしとは関係なく単にここに想いが残っているから現れた存在なのか」

が判別できずにいました。

大人になってからも、変わらずに目に見えない存在と繋がって対話をしていたのですが、あるとき、わたしの霊能的な話を全面的にわかってくれる吉武大輔さんという方と出会い、リーディングしてもらいました。すると、

「もりえみちゃんは、**リーディングとチャネリング**のどちらも使って〝上〟と繋がっているね。そういう存在と繋がることは実際にできるから、その対話は間違ったことではないよ」

と言ってもらえたんです。

チャネリングとは、自分以外の存在と繋がることで、メッセージを降ろしたりすること。ちなみに、チャネリングする人のことを「チャネラー」と呼ぶのですが、わたしの場合は自然とチャネラーになっていたようです。

小さい頃から、こんな話を誰にしたらいいのかわからなかったので、このとき、吉武さんに背中を押してもらえてホッとしたのを覚えています。

「今までわたしは、別に頭がおかしくなっていたわけじゃないんだ。対話することは間違っていないんだ」

と、安心できたのです。

そこから、ばあやとの対話はより濃いものになり、頻度も多くなって、意識的にわたしから繋がるようになりました。

ばあや以外の、亡くなった霊魂であるいわゆる〝幽霊〟（「低級霊」とも呼ばれますね）とも繋がることはありましたが、ばあやのような存在やわたしがご縁のある守護霊と、低級霊とは決定的な違いがあります。

低級霊の場合は、「私はね……」と、自分の話しかしてきませんが、ばあやや守護霊は、もりえみに関すること、もりえみがより良い状態で生きられるようにプラスになることを伝えてくれるのです。

小さい頃からいろいろな存在と交信して、魂で繋がろうとしてきた霊視占い師もりえみですが、ばあやには大人になった今でも、本当に助けてもらっています。

というか、ばあやの存在は助けにしかなっていません。

ばあやと繋がるとき、わたしは普段の意識が薄れて、ぼーっとした状態になります。半トランス状態（意識が半分ない状態）になって、わたしの体を通してばあやが話すのですが、話し方も声も変わるんです。いわゆる「トランス・チャネリング」ですね。

＊

ここで、ばあやがどんな存在なのか、お話しさせてください。

「ばあや」と呼んでいるので、おばあさんとか老女をイメージされるかもしれませんが、見た目の年齢でいったらおそらく20代から30代でしょうか。きっと今のわたしよりも若いはず。それでも「ばあや」と呼んでいます。

なぜかというと、ばあやはいつもローブのような衣を羽織っていて、杖のような棒を手にしていることが多いんです。それに、顔を隠すように前かがみになっていることが多く、腰が曲がっているようにも見えたので、最初にその風貌だけを見て、「おばあさんなのかな」と思ったんです。それで、「ばあや」と呼ぶようになりました。

じつは若いのでは……とわかってから、ばあや本人に「おばあさんっていうほど歳ではないし、かなり若いと思うけど、『ばあや』って呼んでもいい？」と尋ねたところ、ＯＫと許可をもらえたので、今でも変わらず「ばあや」と呼んでいます。


ばあやは、何世紀も前、おそらく中世前期のフランスに生きていた人です。

そう、**かつて人間として人生を送っていた**存在なのです。

ばあやと繋がると、必ず背景も見えてきます。交通手段として車も自転車も馬車もない時代で、ビルもなければ高い建物など一つもなく、文明の機器もありませんから、かなり古い時代なのでしょう。

さらに、自然豊かな森があり、川が流れ、その川をボートで渡って時折お出かけしているばあや。


ばあやは周りの人たちのリーダー的な存在だったようで、みんなから頼られ、相談事に乗り、話を聞いていました。ですが、本文にも度々出てきますが、みんなからあまりにも頼られて依存されるようになってしまい、そこから逃げるように、基本的には独り森の中でひっそりと過ごしています。

だから、常にフードを深くかぶって、顔を隠すようにしているのでしょう。みんなに見つかると、独り穏やかな暮らしから引き戻されてしまうのかもしれませんね。

以前、ばあや自身の話を聞いてみたところ、教会のような人々が集う場所で、みんなの話を聞いたりお世話をしていたとのこと。

その情景をもとに、いろいろ調べてみたのですが、たぶんフランスの世界遺産モン・サン・ミッシェルあたりなのでは、と推測しています。

ばあやと繋がるときは、必ず背景も一緒にセットとなって見えるので、まるでばあやが今もなお生きているように感じますが、ばあやは「死」を体験しています。

つまり、ばあやとしての人生はすでに終えているのです。

じゃあ、なぜ21世紀の日本に生きているわたしと、まるでオンライン通話をしているかのように繋がっているのでしょうか。

その答えは、時空間を超えて繋がっているわたしとばあやは、**魂が繋がっている**、もっというと同じ魂だから。

どうやらばあやは、わたし・もりえみの前世のようなのです。

ばあやも生前は、たくさんの人の悩み相談に乗り、話を聞いていました。それは、今のわたしの仕事にも通じています。

とはいえ、じつはわたし、結構ネガティブな思考回路を持っていて、不安定な人間です。そんなわたしのことを、深くまでよくわかってくれて、絶対的に良い方向へと導いてくれる存在が、ばあやなのです。

ばあやは、元人間だった存在であって全知全能ではないので、この世のすべてのことをわかっているわけではありません。でも自分が知っていること、体験してきたことであれば、それに基づいて、いつだってちゃんと考えてアドバイスをくれます。ばあやの言葉はすべて、わたしにとって助けになっています。

それに不思議と、ばあやと話していると、どうしてもネガティブ寄りになってしまうわたしの心が、ふっと軽くなるのです。

わたしが救われたように、ばあやの言葉を聞いてもらえたら、助けになる人もいるのではないかな……。

そんな想いから、ばあやとの対話を一冊にまとめることになりました。

ばあやと繋がるときは、明確にばあやの声が聞こえるというより、光の情報が塊となって降ってくるようなイメージが近いです。それをわたしの体を通すことで、言葉にしています。

この本を読んでいただくとお気づきになると思いますが、ばあやは自分のことを「わし」と呼んでいます。

加えて、ばあやはわたし・もりえみのことを名前ではなく、貴方でもなく、「おまえ」と呼びますし、男性のような言葉使いの時もあります。

え、女性なのに、わし？おまえ？と、違和感があるかもしれませんが、厳密に言うと、ばあやが実際に「わし」「おまえ」と言っているわけではないんです。

わたしが情報を受け取った時、わたしの体の中で変換して言葉にしているだけ。ばあやが放つエネルギー、わたしに伝えてくれる言葉やメッセージの波動にピッタリくる言葉に変換しているんです。

きっと、この本を読んでいくうちに、最初はばあやの言葉使いに違和感があったとしても、次第になじんでくると思います。ばあやのエネルギーとみなさんのエネルギーが共振共鳴してくると、ばあやの言葉を自然に感じられるようになると思いますよ。

今回は、多くの人が悩んだり、答えが欲しいと思っているような66の質問を、ばあやにぶつけてみました。

その中には、わたしのクライアントさんが寄せてくださった質問も含んでいます。本文中の〈ばあやに聞きたい！〉の質問は、クライアントさんからの質問です。その質問には、ばあやからだけでなく、占い鑑定をしてわたしからも回答させていただきました。

本書ではわたしが代表して質問していますが、きっとこの本を手にしたみなさんにとって、必要な言葉があるはずです。まさに本を通してシンクロが起きることでしょう。

ばあやの言葉から、答えのヒントをもらえたり、気づきをもらえたり、あなたの助けになれたら嬉しいです。

本書を手にとってくださるみなさんのことを想いながら、いま、ばあやと繋がってみたのですが……

ばあやが合掌して頭を下げながら、あなたにこう言っています。

「こんな形でわしの話を聞いてくれたり、もりえみの話を聞いてくれることに、とても感謝しているぞ」

毎日の生活の中で、仕事をしていて、家族や大切な人たちと過ごしていて、なにかにつまずいたり悩んだりすることは、もちろんわたしにもあります。みなさんも少なからずあるのではないでしょうか。

この本が、あなたの心が軽くなって、自分らしく生きていけるきっかけとなれますように。

もりえみ

もくじ — メンターは前世のグラン・メール　時空を超えた存在からの、心ほどけるメッセージ



## 第一章　感情のこと

## 第2章　健康のこと

## 第3章　お金のこと



## 第4章　仕事・使命のこと

## 第5章 人間関係のこと

## 第6章 この世のしくみと不思議なこと

## 第7章 幸せのこと

## 第8章 人生のこと

第 1 章

# 感情のこと

# 落ち込む自分を切り替えるには？

*Bonjour!*（ボンジュール）……なんだ、暗い顔だな。落ち込むことでもあったのか？

あ、ばあや、こんにちは。うん、そうなんだよね……。じつは、わたしが主宰しているスクールに申し込んでくださったクライアントさんからさっきキャンセルが入ってね。

「申し込んでくれて嬉しい！」とすごく喜んで、期待していた分、「えーっ！」と反動で落ち込んじゃって……。

ばあやには、わたしが落ち込む姿をよく見せているし、いつもどんな時でも相談にも乗ってくれて、すごく良いアドバイスをくれるでしょ？　今日もまたいつものように相談させてほしいんだ。

簡単にすぐに落ち込んじゃうんだけど、それだと疲れるし、そんな自分はイヤだか

ら切り替えたいんだけど、どうしたらいいと思う？

Non,non!（ノンノン） おまえはどうして一人のことくらいで落ち込んだりするんだ。これからおまえはたくさんの人を巻き込んで一緒にやっていこうとしているのに、一人のことで悩むなんて、バカバカしいぞ。おまえはそんなことで悩むような人間じゃないだろう。

……そうなんだけどね。どうしても気になってしまって。

おまえだって本当は、一人のことにそこまで関わらなくていいとわかっているだろう。
だから、この場合は、一人の相手に**執着しないこと**。
**「それでいいんだ」と、どんどん切り替えていくこと**だ。

そっか。そうだよね。ただ、せっかくご縁が繋がったのに、「寂しいな、悲しいな」

という気持ちが湧いてきちゃったんだ。

なかったものが「ある」に変わって、そこからまた「ない」に変わりそうになって、「またなくなる……」と思った瞬間に、執着が湧いてきて落ち込んでしまったんだと思う。「ある」と「ない」にフォーカスしすぎたんだね。

たとえばさ、よく相談にのるんだけど、彼氏がいる・いないことに関しても、いなければいないで悩まない。でもいたらいたで、いざ彼がいなくなったらどうしようって悩むわけで。だから、あればあるで、なくなることへの恐れがどうしても出てきてしまうんだよね。

一人のことばかり気にしていると、規模が小さくなって少人数を相手にすることしかできない未来になる。
おまえはこれからは大人数を相手にして、いろいろと展開していこうと決めているんだろ？　だったら、一人のことだけに執着して考えるのはバカバカしいな。

確かに、ばあやの言うように、「なくなる」にフォーカスして一人の人に執着する必要はないし、ご縁が繋がらなかったのは仕方ないよね。
「ま、いっか！」「これでいいんだ」精神で、切り替えるようにしていくね。

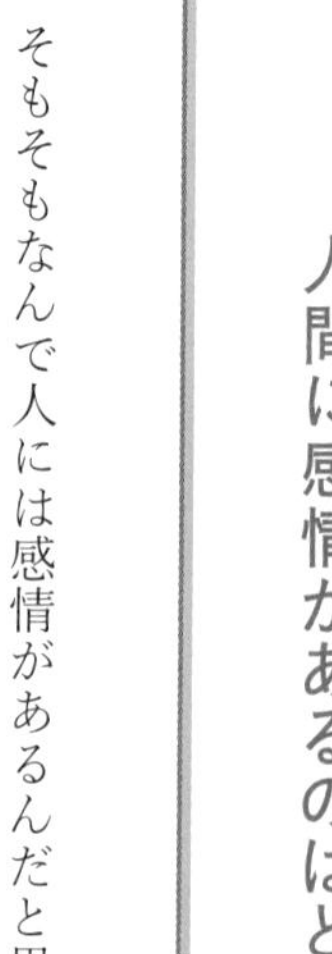

# 人間に感情があるのはどうして？

でもさ、そもそもなんで人には感情があるんだと思う？　わたしなんて今日みたいにすぐ落ち込んだり、感情に引っ張られてネガティブになっちゃったりするんだけど。

ばあや

それはやはり、**期待するから**だろう。
自分の中に理想を描いて「こうだったら」「ああだったら」と思うから、その期待をベースに気持ちが上がったり下がったりするだけだ。

はぁー、なるほど。確かに言われてみたらそうだよね！　良くなることを思い描いて、それが思い通りにいかないと気持ちは下がっちゃうもんね。

ばあや

そうだろう。感情があることは、全然悪いことじゃない。むしろ**素晴らしいことだ**と、わしは思うけどな。

## 期待したりしないで生きるには？

もりえみ

もし淡々と生きていけたらすごい楽なんじゃないかなとは思うんだけど、どうしても不安になったり、期待しすぎちゃうんだよね。でも期待しないで生きるなんて、すごくつまらないし……。どうしたらいいのかなぁ。

ばあや

**どうにもしなくていい。**どうにかしようとすると、またおかしくなっていくから。どうにかしようとしないで、その感情をただ**「そうなんだ」と受け入れる**こと。

ただ、感情を受け入れるかぁ……。
だったら、はじめから期待しないで生きていくのがいいの？

そういうわけではない。もちろん期待して生きてもいい。
ただ、**そういうこともある、うまくいかないこともある**、ということ。それだけだ。

## 感情をコントロールするには？

もりえみ

わたしは気分がすぐ上がったり下がったり、心電図のように上下するから、それで、はぁはぁと、疲れてしまうことがあるんだよね。

わたしのクライアントさんとか周りの人たちを見ていても、感情コントロールがうまくできなくて、不安になったりネガティブになってしまう人が多いなと思うんだけど……。

そもそもコントロールしようとしている時点で、**頭で生きている**ということだ。**心で生きていない**ということ。

もりえみ

あ！　確かにそうだね！

頭で深く考えすぎることによって、感情がさらにおかしくなっちゃうことってあるね。悶々と考えだしちゃったら、どんどんと負のループにハマっちゃったりするもん。

ばあや

おまえは確かに、そういう傾向があるかもしれないな。

感情をコントロールしたり抑えようとすることで、さらにおかしな方向に行ってしまう。だから、**コントロールなんてしなくていい**んじゃないかと、わしは思う。

うんうん。感じるままに生きていくこと。感情が揺れてもいいし、コントロールしなくていい。感情があるのが人間だもんね。

## 頭で考えすぎないようにするには？

もりえみ

わたしみたいに頭で深く考えすぎちゃう傾向が強い人が、頭や思考ではなくて、心で生きていくにはどうしたらいいの？

ばあや

**思ったことをそのまま表現**していくこと。上から降ってきたメッセージをそのまま表現していくこと。

これは、すごくいい練習になると思うぞ。

なるほどね。確かに私たちって、思ったことをそのまま表現する前に、ぐるぐる考えて「こう言ったら大丈夫かな」「こう表現したら安全かな」みたいに考えちゃうよね。

ま、人間だからな。人間として頭がある以上は、考えることなく生きていくのは無理なことだ。

だけど、「**思ったことをしていく**」と**意識**しない限り、思ったことをそのまま表現していくのは無理であろう。

人間は賢いから、頭や思考を使ってしまうが、**意識的に心で思ったことを軸に動いていくと決めればいい**と、わしは思う。

もりえみ

意識的に「心で感じたことを表現していく」と決めるといいんだね。わたしも意識するようにしてみる！　思考主軸ではなくて、心を表現していけたらいいよね。

# 修行や学びを経ても感情は揺れるの？

ばあやは生きている間に、たくさん修行をしてきたんでしょ？　いつもわたしはばあやから的確な言葉をもらっているけど、ばあや自身は落ち込んだりとか、感情が揺れることはあるの？

ばあや

それがあるからわしも困っているんだ！　わしも感情はすごく揺れる。

結局、たくさん修行をしたり学びを得てきたとしても、**「好き」という感情や「愛」**が自分の中にあることによって、感情が揺れることはたくさんあるわけだからな。

感情が揺れないというのは、修行をしたとしても本当に難しいことじゃないかと思う。

もりえみ

そうなんだね。ばあやも感情が揺れるし、わたしも揺れる。感情が揺れることが正しいのか、正しくないのかは、決められないけれど……。

（少し笑いながら）おまえはすぐに正しい・正しくないと考えるんだな。それは今までたくさんのいろいろな学びを得てきているおかげで、頭で考える癖がついているからだろう。おまえの話を聞いていておもしろいなと思うよ。

もりえみ

うん、確かに、頭で考えすぎちゃう癖はあるよね。

ばあや

でもこうしておまえがいろいろと質問してくれるから、わしも気づきが多い。人に聞かれることで改めて気づくことがわしにもあるしな。

ばあやがそう思ってくれて嬉しいよ！　いつもわたしの質問に答えてもらうばかりだから。

わしは死んでから、もう一度この世界に戻ってきて、こうやっておまえと話をすることで、自分の中では気づけていなかったことがまだまだたくさんあった、とわかった。おまえをはじめ、生きている人たちみんなには、**後悔なく生きてほしい、後悔なくいろいろ体験してほしい**……もともとそんな想いがあって、おまえと繋がっていたけれど、結局はわしにも気づいてないことがまだまだたくさんあったんだなと思う。

だから、こうやっておまえたちと繋がることができて、わしはすごく嬉しく思うぞ。

……っておまえ、わしが言っていること、本当にわかっているか？

（もりえみの顔を覗き込みながら）

## ばあやに聞きたい！

わたしは人前ではとても愛想がよく明るいタイプです。ただ、他人軸でいるこ

とが通常になっているので、人にどう思われるかを基準にして言動していると
ころもあります。

素の自分で生きていきたいのですが、抜けきれません。どう思われますか？

（まるちゃんさん）

FROM ばあや

「よくやってるな」と、まずは自分を労(ねぎら)ってあげることだ。

そして、他人を気にしないで、一度、1日を過ごしてみるといい。

正解探しをするな。

FROM もりえみ

とても素晴らしいですね！

人にどう思われるか。それは無意識的に生きていくうえで考えてしま

うことですよね。

素の自分ってどんな感じがしますか？

そこも自分に聞いてみるとよいと思いますよ。

そして、なんだかんだ言って、やりたいことを人間はやっている生き物です。

もしかしたら他人軸と思っていたものが、向き合ってみたら自分軸だったってこともありますからね。

自分と向き合う時間を増やしてみるといいと思いますよ！

## ばあやに聞きたい！

時間をかけて自分と向き合って自分を好きになってきましたが、ここ最近は他人にどう思われるかを気にする癖が出てきて止まらないです。

好きな人にも、「癖は究極を言えば自分のものではない」と言われてしまい……。勝手に落ち込む自分がいて、生きている意味がないのでは、とまでガツンと落ちてしまう自分がイヤです。気持ちを切り替える方法を教えてください。

（おがちゃんさん）

FROM ばあや

自分のことを好きになりたいんだろ？
そのまま
グズグズしたままの
おまえがおまえを受け入れてあげないでどうするんだ。
それも含めてのおまえだからな。
そのまま好きになればいいんだ。

FROM

自分のことを大切にしようとした。
これはとても素晴らしいことですね！

他人にどう思われるか。
「目の前の他人は自分である」
この法則を知っていますか？

自分の目を気にしていて、
自分を今、
それでいいのか責めている状態なのです。

自分がどう思われるか気にしない！と決めた瞬間に
他人の目は自分だったと気づきますよ。

好きな人にも自分の気持ちをわかってほしいですよね。
「私の気持ちをわかってほしかっただけなのに！
小さい男だ！」
と言葉に出してみましょう。

まずは彼がいないところで
一人の部屋で。
言うとわかるのですが、
そもそも男の人は喜ばれたいし、
尊敬されたい生き物なので、
自分が不甲斐なくて
きっと彼は自分に怒っていたことにも
気づくと思いますよ。

「私の男は素晴らしいに決まっている」
と決めてあげてくださいね。
そうじゃないなら、
別れちゃいましょう。

## 心ほどけるばあやのメッセージ

感情をコントロールしようと
しなくていい。
「愛」があるから
感情は揺れるのだから。

第 2 章

# 健康のこと

# 健康で過ごすには？

**もりえみ**　ばあや、寝てるの？　またいつものように話を聞いてほしいんだけど、今話しても大丈夫？

**ばあや**　おぉ、おまえか。横になりながらだったら、いいぞ。

**もりえみ**　ありがとう。
この前、わたしの家族が続けて高熱を出しちゃってね。わたしにはうつらなかったんだけど、やっぱり家族全員が健康で毎日を過ごせるって、すごく大事なことだなって実感したんだよね。
それでね、ばあやに聞きたいんだけど、私たちが健康に過ごすにはどうしたらいい

と思う？

そんなのは、わしが聞きたいくらいだ！
わしの世界ではおまえが今食べていたような食事を食べていたわけではなくて、体にいいものしか食べていなかった。おまえよりもはるかに〝ちゃんと〟したもの、自然なものだけを摂り入れていたつもりだ。
けれど、病気になったんだ。わしだけではない。体にいいものしか食べていなかったのに、病気になってしまう人は、わしの周りにもたくさんいた。**健康と病気は必ずしもイコールではない**けれど、事実、わしも病気になってしまったから、どうしたら健康でいられるかという質問には答えにくいな。

もりえみ

そうだったんだね。健康と病気は、確かにイコールではないかもしれないね。
病気になったとしても、数日のみですぐに健康な状態に戻る人もいるもんね。逆に、病気と診断されることが人生で一度もなくても、あまり元気がなくて不健康な状態が続いている人もいるかもしれないし。

そうだな。わしは自分がわかること、知っていること、自分が思うことしかおまえたちの質問に答えることはできないから、健康に関しては、正直わしはよくわからないんだ。ただ、病気にならないように、おまえの時代は研究がさらに進んでいくはずだから、その道のプロに頼っていくのもいいと思う。

どちらにしろ、わしの場合もそうだったけど、**自分が生きていく「使命」は決まっている**からな。

わしもわしの周りの人たちも、食に関しては自然から与えていただいたものに感謝して食べていたつもりだ。今のおまえたちの食よりも、はるかに体にはいい食だった……結果としては病気になったけどな。

## 健康と長生きはイコール？

そうかぁ。確かに、わたしがどんだけ不健康そうなものをいっぱい食べていても、人生でインフルエンザにかかったこともなければ、今回世界中で流行ったコロナウィルスにも濃厚接触者にはなったけど今のところかかっていないんだよね。
逆に、健康のために！と思って体によさそうなものを食べていたけど、病気になったことはある。だから、体にいいものを食べていたら病気にならない、というのではないというのは確かにわかるな。

ばあや

どんなに健康であっても、人は**死んでしまうときは死ぬ**んだ。逆に、健康ではなくても、病にかからない人は病気にはならない。
だから、**健康でいれば長生きするということは、絶対的にない。**

わしの周りには病気をして死ぬ人がたくさんいた。だから健康でいれば病気にならない、長生きできるというルールは、わしの世界にはなかったな。

ふーん。じゃあ、健康でいれば長生きするというのはイコールではないんだね。

*Peut-être.*（プテートル（たぶんな））わしにも確かなことはわからないが、健康イコール長生きとは思わないな。

## なぜ病気になるの？

ばあやが生きていた世界では、病気になって亡くなった人がたくさんいたって言ったけど、病気がなければ長生きしたということ？

わしの世界では、健康だったとしても病気になってしまうと命を落とす人が多かったんだ。だから、病気がなければ長生きした人がたくさんいたんじゃないかとは思うな。

なんで私たちって病気になるんだろう？

わしは神さまと呼ばれるような存在ではないから、それに関してはわからないな。ただ、行いが悪いから、食べ物が悪いから病気になる、とはわしは思わない。**病気は持って生まれる場合がほとんど**だと思うから。

病気をしないで生きていく方法はないのかなぁ。

ばあや

病気に関してだけ言えば、おまえたちが生きている時代ではかなり治せる時代になってきている。だから、病気をしないで生きていくのは時間の問題なんじゃないか？

少なくとも、わしが生きた時代の人たちよりも、病気に関しては問題なく生きていけるようになるのではないかと思うけどな。

これからは、「健康でいたら長生きできる」「こうしたら長生きできる」というのではなく、病気を治していくこと。そっちを重点的に考えたら長生きするのではないか、とわしは思う。

## 流行病や感染症にかかる人とかからない人がいるのはなぜ？

私たちのこの時代に、コロナウィルスという感染症が世界中で流行ったんだ。特に軽い風邪をひいた時でも周りにうつさないようにって意識しているわたしたち日本人の多くの人は、コロナにかからないように、うつさないようにってすごく気を遣って疲れていたんだよね。

そういう感染症とか流行の病気にかかる人とかからない人がいるのはなぜだと思う？

ばあや

わしの生きている世界でも、そういう病気はあるぞ。

かからないように気をつけて生きている人でも、**病気になるときはなる。**

そういう病にかかる人とかからない人がいるのは、ただ単に、**もともとかかりやすいか、かかりにくいか**だけだと思う。

え、そうなの!?　そんな単純なこと？　なんだかそれを聞いたら、すごい楽になったんだけど。

ばあや

Oui!（ウイ）たとえば、風邪をひきやすいか、ひきにくいか、で考えてみたらわかりやすいだろう。

わしの世界でも、しょっちゅう風邪をひいている人もいれば、その人と同じような

生活をしていてもまったくひかない人もいる。健康のことなんてまったく考えていなくても、風邪をひいたことがないという人もいるな。
おまえたちの世界でいうと、今回のウィルスのことをまったく気にしないで手を洗わないという人もいるだろう。でもそういう人がかからずに、すごく気にしていつもちゃんと手洗いしていたのにかかってしまう人もいる。
つまりこれに関しては、**かかりやすいか、かかりにくいか**。それだけだとわしは思う。どんなに流行っていようと、一度もかからない人と、何回も繰り返しかかってしまう人がいる。それは、気をつけているか、気をつけていないかのせいではないだろうな。

そうなんだぁ。今回起きたパンデミックでも、ウィルスに気をつけることでかからない人が実際どれだけいるのかどうか、統計がとれているのかわからないんだけど、確かにかかりやすい人とかかりにくい人がいるというのは、なんか、わかる。
わたしは今のところかかってないからなんとも言えないけど、わたしはどちらかというと、ウィルス性にはかかりにくいのかもしれないな。

# この先の未来では感染症がなくなるようになる?

もりえみ

ばあやの生きている世界でも、感染症とか流行の病気があったんだね。病気の種類は違っても、現代にもそういう病気はあるでしょ? これって、この先なくならないのかなぁ。または世界中に広まる前に、もっと早くなくすことってできないの?

おまえたちの時代では、いろいろな国でそれ以上広がらないように気をつけるだろうから、そこから脱さないようにすれば、世界中に回ることはないだろう。ただな、世界中に「回る」ということは、感染症が回るだけじゃなくて、経済も回る、お金も回るということ。もし国を封鎖することになると、**全部の循環の流れが止まってしまう**だろう? 逆に、**流れると全部が流れる。**

感染症のことだけを気にして流れを止めようとすると、現実的にみれば**全体的な流れが止まってしまう**んだ。

確かに、今回のコロナで国を封鎖したりしたけど、経済含め、いろいろな業界が痛手を被（こうむ）ったと思う。それは循環が止まってしまった結果だよね。

じゃあ、どっちがいいのかというのは、正直言えないがな。

流れを止めるというのは、川の流れを止めるのと同じこと。わし自身も同じだ。人との交流を止めると、感情の流れも止まってしまい、人々は助けとか頼れる拠りどころを求めて、わしのことをさらに求めるようになってしまう。悪循環になってしまうんだ。

そこからわしは現に今、逃げてしまっているわけだが。それは自ら流れを止めてしまっているということなんだ。

やはり、流れを止めることは、一時的ならいいとしても、ずっと止めるのはいいことだとは、わしは思わない。

うん。流れを止めると、派生してその先の流れまで止めてしまうよね。しかも、流れを止めるばかりか、望んでいない循環まで起きてしまうかもしれない。ばあやと話していて、すべてのことにおいて、どちらかだけというのはないんだって気づくことができたよ。

## なぜ心の病気になるの？

もりえみ

ばあやは長年、わたしの悩みを聞いてくれているから、わたしがどんな人間か、どんな性格かをよくわかってくれているでしょ？

ご存じのように、わたしは占い師として鑑定カウンセリングのお仕事をしているけれど、心はそんなに強くないんだよね。わたしだけじゃなくて、現代を生きている人たちの中には心を病んでしまっている人もたくさんいるの。
なんで心の病気になるんだと思う？

ばあや

わしもいつも不安定な状態だがな。なんでかと聞かれたら、原因はたくさんあるが……

**「愛」があるから**だろう。愛があるから悩んだり、理想を抱いたり、期待しすぎてしまったりする。

それももちろん原因になり得るが、一番の原因は、**自分を責めること**だと思う。現にわしはそうだからな。

あ〜私もすごい思いあたりすぎてなにも言えない……。

自分を責めている、責めていたことが、心の病気につながるんだろう。もし自分を責めたりしなければ、そんな病んでしまうほど深く思い詰めることはないわけだからな。

# ウツになるのはどうして？

もりえみ

確かにそうだね。心が病んでしまう症状にはいろいろあるけど、今の時代に多いのはウツ病かな。じつは私もウツになったことがあるから、その苦しさはよ〜くわかるんだけど、ウツになってしまうのはなんでだと思う？

それは、自分に対して**自信がないこと**が原因だろうな。もし自信があれば、ウツになるまでにはならないと思う。

もりえみ

うんうん、私も現にウツを経験したけど、よくなったなと思ったら、また落ち込んでの繰り返しで。頭ではわかっていても、なかなか切り替えられない現実もあるんだよね。

# 心が暗くなってしまうのはどうしたらいい？

そうやってなかなか切り替えられなかったり、自信が持てないでいると、どんどん心が暗くなってしまうんだよね。それでさらに悪循環に陥っちゃったり……。

頭でわかっていたとしても、心がもっていかれてしまうわけだな。そういうときは、自分への自己評価を高めていくとか、自分のことをたくさん褒める、自分のことを責めないという〝理想〟はあったとしても、心がそっちに向かないというのはどうしてもあるだろう。

そんなときは、**その自分を認めることだ**。

「私はそうなんだ」と、**一度諦める**のもありなんじゃないか？

……はっ！　なるほど。諦める、か。
そうやって手放していけばいいんだね。それができたら、いい方向に考えていくしかないじゃん！って思えるようになるのかもしれないね。

## 病で人生を終える瞬間はどんな感覚？

ところで、ばあやは病気になったと言ったじゃない？　それが原因で亡くなったの？

Oui（ウイ）. わしは病気になって、体が動かなくなったんだ。結局、最期まで動けなかった。
いろいろな人に助けてもらったんだけど、治らなかったんだ。
それまでわしは、たくさんの人を助けているつもりはなかったけれど、助けてきたことで、最期わしもいろいろな人に助けてもらった。助けてもらって悪いなという感覚はわしには一切なかったが、いろいろな人に最期を見てもらえて、恐怖も寂しさも感じることなく、ここから去ることができた。

死ぬときのことに関しては、わしには後悔はない。**自分がやってきたことの結果としての現れなんだ**、といろいろな人に囲まれながら最期を冷静に感じていたよ。

そうだったんだ。亡くなるときは、怖いとか恐れとか寂しさはなかったんだね。

（頷きながら）Oui.（ウイ）そうだな。

## ばあやに聞きたい！

何をしても痩せられません。どうしたら痩せられますか？

（Sさん）

FROM ばあや

それよりも、食事を美味しいと感じる自分を許してあげることからだ。
いつも自分に鞭を打つのはそろそろやめにしてあげないか？
罪悪感なく食べ出したら痩せられるぞ。
罪悪感はいらないもの。
まずそこに気づくといいかもしれないな。

FROM もりえみ

痩せなくていいじゃない？
でも、痩せたいなら
本当に食べたいものだけ食べるといいよ！

満たそうと思わないで。
満たされているから。

心ほどけるばあやのメッセージ
行いや食べ物が悪いから、
病気になるのではない。
人は死ぬときは死ぬんだ。
死は自分がしてきたことの
結果が現れる瞬間。
怖くないぞ。

第3章

# お金のこと

# お金について、ズバリどう思う？

おはよう、ばあや。なにを洗っているの？

*Salut.*（サリュ（やぁ））食べ物を服につけてしまってな。気になるから洗っているんだ。

（ゴシゴシゴシ）

……ふぅ、あまりキレイに落ちないな。ところで、なにか聞きたいことがあるのか？

もりえみ

うん。お金のことを聞きたいんだけど。お金に関しては、かなり多くの人が満足いかないとか、もっとこうしたいとか、お金に関して叶えたいことがあると思うんだよね。それゆえに悩んでいる人も多いと思う。

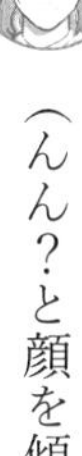

（んん?・と顔を傾ける）

ばあやの生きている世界とわたしが生きている世界は時代が違うから、経済のシステムもお金の価値も違うとは思うけど、ばあやはお金を持ったことはある?

（小刻みに頭を縦に振りながら）あるぞ。

ばあやはお金についてどう思う?

わしは、**お金はなくてもいいもの、必要のないもの**だと思っている。必要があると思った瞬間に執着が生まれて、もっとあったほうがいい、もっと欲しいと思ってしまうだろう?

わしはお金については、あまりこだわりがないな。必要がない、とわしは思う。

ばあやは「必要がない」と言い切れるんだね!

わたしは見栄っ張りだったりするから、お金をもっと使いたい、お金を使って人になにかをあげたいと思う反面、お金に振り回されてしまうこともあるんだよね。より多くお金が入るか、それとも少なく入るか、もしくはなくなるかも……と、どうしても考えてしまうということは、わたし自身はばあやとは違ってお金に振り回されているんだろうなぁ。

# お金が欲しくて執着してしまうのですが？

わたしは日本という豊かな国で暮らしているからか、人より優れていたい、人より良く見られたい、ということを気にしてしまうんだよね。ここにいる限りは、お金はあったほうがいいだろうし、もっと自分を良く見せたいな、とは正直わたしも思っているんだけど。

これは私だけじゃなくて、今の時代に生きている人は、お金が欲しくてお金を貯めることに一生懸命になったり、必要以上に所有することに執着してしまう人もいると思うんだけど、ばあやはどう思う？

おまえが言うように、周りに自分を良く見せたい、不安にならないほうがいい、お金を持っていたほうがないよりはいい、というような考えが、おまえたちの世界では強くあるんだろうな。

そこに関しては、わしはまったくないし、わしの生きている世界の視点で答えるとお金に執着する気持ちがわからないから、おまえの質問には的確に答えることができないな。

そっか。ばあやの生きている世界ではお金を主軸に生きていないから、見た目をすごく気にしたり、人にあげるものを気にするというのも、ないのかもしれないね。

その**価値をお金で決めたりはしない**っていうことだね。

ばあやは、お金を貯めたいと思ったことはないの？　お金を貯めてあれを買いたい、

ほかの人に分け与えたいとか。

あるわけがないな。というのも、お金が使える、なにかを買える場所が、わしの世界では限られているからな。

おまえと話していると、おまえたちは「**選べる**」状況にいるんだなと思う。

うん、そうだね。確かに、欲しいものがあれば、たいていのものはお金を払えばいつでも買えるような状況ではあるよね。

それゆえに、**お金を払って所有することに執着してしまう**ことが起こるんだと思う。

たとえば、家とか車とか服とか……。わたしだったら、いい車に乗っていたいと思ってしまうんだけど。

そう思うのは、**そうじゃないと価値がない**と思い込んでいるからだろう。

つまりは、それだけ**自信がない表れ**なのではないか？

あ〜、確かに……。いい車とかいい物を所有すると、「それを買えるだけ稼いでいるんだ」と周りから思われることで信頼されると思っているのかも。
……結局それは、自分のことを信用していないってことか！
そういう物を所有できる自分でいないと評価されないんじゃないか、と自分が思っているということだよね。
ばあやと話していて、今、こんな大事なことに気づけたよ！

## 仕事とお金はイコール？

もりえみ

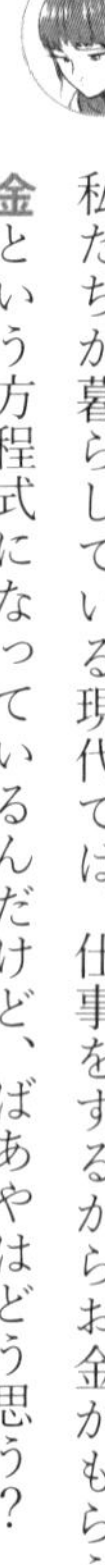

私たちが暮らしている現代では、仕事をするからお金がもらえるという、**仕事＝お金**という方程式になっているんだけど、ばあやはどう思う？

もちろん、わしも**人の役に立つようなことがあったときには、お金という形、または物をもらう**ことはある。だからそれが悪いとも思わないし、別になんとも思わないが。

うん。わたしの中でも、仕事をしてお金をいただく、という図式はあるし、それが悪いこととは思っていないんだけど。

この時代では、なにかをしてもらったことに対しての対価が、物ではなくて「お金」になったのかなと思う。ただ、数字という単位で表すことがいいのか悪いのか。そこはわからなくなっているのが現実なのかも。

たとえば、人にお礼としてあげるときに、近所のスーパーで売っている１００円のリンゴにするか、高級果物店の３０００円のリンゴにするか。リンゴという物は同じでも、金額が変わってしまうでしょ。ただ、お金は数字としてみんなが共通して計ることができるから、お金をあげることでお礼という形を明確化させているのかと思うことがあるんだよね。

わたし自身は、３０００円のお金をあげるのか、３０００円の物をあげるのかとなったときに、はっきりと金額で計らないことが優しさなのかなと思うこともあるんだけどね。

# なにを与えるとお金をもらえるの？

現代だと、お金とは仕事の報酬となっている場合が多いよね。でも本来は、仕事じゃなくても、お金とか物を受け取ってもいいんだよね。

わしの場合は、人々がいるところにいると、もらえる物ばかりで、自分が渡さなきゃいけないということはなかった。常に誰かと話をしたり、誰かと関わっているだけで、相手のほうから与えていただけることのほうが多かったんだ。

わしがなにかを与えているつもりはなくても、向こうが**「与えてもらった」と認識**

**する**ことによって、わしはたくさん与えていただいた。

事実、わしがたくさんの人に囲まれる現実から独り離れたとしても、みんなが迎えにきてしまう。そして、また与えていただける。

つまり、**必要とされている、必要とされることによって、対価は生まれる**のではないか？

そうだからこそ、人間は必要とされたいと思ってしまうのではないか、と思うんだ。

それがおまえたちの生きている世界では、対価の形が「お金」なのだろう。

そっか。**必要とされたことの対価が、お金になっている**んだね。
でもさ、ばあやは「お金は必要ない」って言い切ったけど、本当にお金がなくてもいいの？

わし自身は生活に困ることなく、高い物が欲しいとか、これがなければいけないという想いがまったくない。もちろん、お金もな。

多分、「お金がない」と言う人は、**お金がない現実を〝つくりたい〟だけ**なのではないか、とわしは思うな。別にお金なんてなくたって、生きているわけだから。**助けてもらえばいい**んだ。なにかの事情でまったく稼げないという人は、自分は稼がないで、もらえばいいのに。もらうことが怖いだけだろう？

そういうことを思うと、お金になにか問題がある、悩みがある場合は、**自分のプライド**が原因なんじゃないかとわしは思う。

わっ！　わたしもプライドが高いというか、見栄っ張りだから、ばあやのその言葉を聞いていると、なんか恥ずかしくなってきた……。

お金を稼ぐことは悪いことではないし、与えていただけるというのは悪いことではない。だけど、お金をいただく本当の目的を誤っているかも。

お金がないと不安、お金がない自分は許せない、お金があるからこそ自分は認められる、たくさんお金を稼ぐのは自分の見栄があるから。

そんなプライドが隠れているかもしれないなぁ。そこはわたし自身、改めていこう。

（衣類を洗っているばあやの手元が気になるもりえみ）ねぇ、ばあや、なんでそんなに何度も何度も洗っているの？

この衣は、わしのために作ってくださったものだから、大事にしたいんだ。だからこそ、この衣をずっと長持ちさせるためにどうしたらいいかと考えているんだ。そんな考えはおまえたちの世界にはないかもしれないな。でもわしは、ひとつの物を大切にしている。わしはこの衣がとても気に入っているし、このスタイルしかしてきていないのだ。だから汚したくないし、キレイにしたい。

そうなんだね。「この一枚を大切にしたい」という想いは、ばあやの愛なんだね。

## ばあやに聞きたい！

ずっとお金の心配をしてきました。でももう解放されたいです。
どうしたらいいですか？

（Yさん）

FROM

たくさんいろいろ試した中で、
「自分はダメだったんじゃないか」
「この私じゃダメだったんじゃないか」
という想いを繰り返しているのではないか。

自分でどうにかしよう、自分でどうにかしなきゃいけないなど、「自分でなにかをしてきた」と思っているかもしれないが、自分でどうにかしようということを手放していったほうがいいだろう。
自分でどうにかしようと思っていることによって、今の状況が作り出されているような感じがするぞ。

相手を信頼する、今一緒にいる人たちを信じて、
自分がどうにかしようと思うことを解放して、
やめさせてあげるところからスタートしてあげるのがいいのではないかと思う。
いろいろやってきたからこそ、
今はそっちをしてみたらうまくいくぞ。

FROM もりえみ

いろいろ学んできて、いつも努力してまた頑張ったのに、
なんでこうなんだろう……と自分を責めているように感じます。
ポジティブだからこそ、ネガティブなところも見ていくと、
これから道も開けていきます。

だから、ポジティブな自分も、ネガティブな自分も素敵なんだよ、と
認めてあげてくださいね。

ばあやが言ってくれたみたいに、
やってなかったほうをやってみると楽になれるかもしれませんよ！

心ほどけるばあやのメッセージ
自分に対する
無価値感ゆえに、
お金や物を所有することに
執着してしまうのだ。

第 4 章

# 仕事・使命のこと

# 働くってなに？

わたし今日、仕事をしながらふと思ったことがあって。わたしの考えをばあやに聞いてほしいし、ばあやの考えも聞きたいんだ。
今の私たちの時代って、仕事をしてお金を生み出している人がほとんどなの。だからお金を得るために働いている、とも言えるんだけど、ばあやにとって仕事ってどんなものなの？

ばあや

（ちょっと首を傾げて、ピンときていない表情）

わしには〝働く〟という感覚はないな。

ただ、**誰かの役に立ったことに対して、人から感謝の愛を受け取る**。それが〝働く〟こと、仕事ということじゃないかと、わしは思うが。

もりえみ

ふぅ〜ん。ばあやは〝働く〟という意識なく動いて生きているんだね。ばあやは今、周りの人のために話をしたり、みんなの話を聞いていたりするでしょ。それが〝働く〟ことではないとしたら、なんのためにしているの？

わしには**それしかできない**ことだから、ただみんなの話を聞いたり、逆に話をしてきただけだ。

そうなんだ。ばあやにとっては、自分ができることをしてきただけであって、「これが好きだからこれをして働こう」「これをすると楽しいから仕事に結びつけよう」という考えはないということ？

*Oui.*（ウィ）

# 本当はしたくないことでもお金のために働くってあり？

わたしの周りの人たちを見ても、「好きなことを仕事にしたい！」と願っている人ってすごく多いんだ。でも現実は、「本当は好きでもないし、したくない仕事だけど、生活するためにはお金が必要だから」と、お金のために仕事をしている人もたくさんいるんだよね。

わしだって、したくないこともたくさんしているぞ。**「したくない」**というより、わしの場合は**「それしかできないから」していると**いうほうが近いな。それしかできないし、それしか選択肢がないから。

お金のために働いている人も、わしのように選択肢がないというところからスター

トしているんじゃないかと思うが、どうだろうか。

いろいろなパターンの人がいると思う。わたしがクライアントさんを占い鑑定していると、本当はしたくない仕事だけど、「親からうるさく言われるから」「人の目が気になるから」という理由でその仕事をしている、という人はたくさんいるんだよね。そこでわたし自身も、「はっ！　わたしも人の目をすごい気にしている！」と気づけたんだけど。

それだけじゃなくて、お金のために働いているという人ももちろんたくさんいるよ。そういう人たちの話を聞いていると、仕事をするだけで毎日の時間が過ぎてしまって、「なんのために働いているんだっけ？」とわからなくなってしまうみたいなんだよね。

そうか。わしはおまえたちとは違う世界で生きているから、その感覚がわからないな。お金のために働いているというのが、わしにとってはよくわからないんだ。わしの場合は、**できることをただしているだけ**だからな。

# 今の仕事がうまくいく方法は？

わたしの場合は霊視とか占いができるから、それを仕事にしているけど、同時に占いが好きなんだよね。好きなことを仕事にできているという面で、すごくありがたいなと思うんだけど。
ばあやは、今のわたしの仕事についてアドバイスある？

（即答で）Non.（ノン（ない））

早っ！（笑）
今、わたしの仕事のスタイルは、「仕事をしてどんどん稼ぐ」という路線から外れてしまっているんだけど、わたしがもっと稼ぐにはどうしたらいいと思う？

**人と繋がり続けること**だろうな。でも稼ぐことを重視していては、結局、長くは続かないだろう。

うーん。そうかぁ。
じゃあ、お金のことをあまり考えずに、今の仕事がうまく方法はあると思う？

お金のことをあまりにも考えてしまうと、人と関わる時間が減ってきてしまうだろう。
**お金のことを考えずに、人と付き合っていくことを楽しむ。人との繋がりを大切にする。**
もちろんそれだけではないのだろうが、真逆のことだから、どちらも両方を並行してこなしていくのは難しいのではないか、とわしは思うけどな。

そうなんだよね〜。お金のことだけを考えると、「これはお金をいただいたほうが

いいのかな」とか考えちゃったりするし。

お金のことと人と繋がることとって、似ているようでじつは遠いなと感じることはよくあるんだ。単にお金や仕事の話を抜きにして、人と過ごす時間を楽しめたらいいなと思う。たとえば、学生みたいにね。お金のことを考えずに、友達と繋がったり楽しい時間を過ごしているもんね。

ただ、大人になって仕事をしても、結局は人と関わるという点では共通しているから、引き続き、お金や仕事という視点からではなく、人と関わっていけたらいいよね。

## 自分の使命を見つけるにはどうしたらいい？

クライアントさんからの相談内容で、「自分の使命を見つけたい」「使命を仕事にしていきたい」という声をたくさんいただくのね。

そもそも自分の使命を見つけるにはどうしたらいいと思う？

とにかく**自分ができることから始めていく**ことだな。

わしも、できないことをするのではなくて、自分ができることをしたことによって、いろいろな気づきをたくさん得ることができた。

だから、一旦、**自分ができること、必要とされていること**からやっていくといいのではないか、と思う。

もりえみ

うんうん。そうだよね。

わたし自身も、使命ってなんだろうって思うことはあるんだ。ただ、自分が得意なことをしているうちに、日々葛藤が生まれて、得意なことじゃなくて好きなことをして生きてみたい！と思ったりする。でも自分が好きなことって、結局はそれが好きだからこそ、譲れない部分が出てきたり、これは自分の好きな物だから人には売れない！なんて感情が入ってしまうこともあるんだよね。

そういうことをふまえると、ばあやの言うように、得意なこと、必要とされることをしたうえで、使命について見つめてみるといいのかもしれないね。

……ばあやの世界は今もう夜遅い時間だよね。なんだかそっちが夜だからか、今日はばあやと繋がっていると、すごく眠たくなるな。今日はこれでバイバイするね。

ばあや、ありがとう。

（うんうん、と柔らかい表情で頷きながら）*Salut*.（サリュ（またな））

## ばあやに聞きたい！

わたしの強みで、これから伸ばしたらいいところはどんなところでしょうか？

（Mさん）

FROM ばあや

おまえの強みは弱みであることを、まず自覚すること。
両方あっていいということだ。
伸ばしたほうがいいところは、感覚を大切にすること。
思考を止めることだな。

FROM もりえみ

正解探しをしないで
やりたいことをやっていけば
見つかりますよ。

## ばあやに聞きたい！

自分の中で使命に気づきはじめました。今、進んでいるこの方向性でいいのでしょうか？

（Rさん）

FROM ばあや

気づきはじめた自分を信じなさい。
進んでいる方向で自分が合っていると、信じてあげなさい。
自分が間違っていると思っていないか？
まずは、相手の意見を手放して、
自分の意見を取り入れることからやってあげるとよいぞ。

FROM もりえみ

間違っている自分
間違える自分を
今から許してあげて。
気づいた感覚を
大切にしてください。

ばあやに聞きたい！

わたしが仕事で一番発揮できる能力や才能はなんですか？

（Kさん）

FROM

まずは一言。
間違えたくない、失敗したくないと思っている限りは見つけられない。
一度、発揮できる能力にこだわるのをやめてみて。
才能がないと思っているのは、おまえだけだぞ。

FROM

もりえみ

まず、書くことを
はじめてみたらいかがですか？
指の先が光ってます☆

## ばあやに聞きたい！

現職がありますが、自分のやりたいことがほかにあります。
現職を続けながら、やりたいことをやって収入を得ていくために、
どうバランスをとっていったらいいでしょうか？

（クローバーさん）

FROM ばあや

まず
自分のやりたいことを
誰がやらせてあげるのかい？

お金に振り回されたくないと思っていると、

そうなっていくことを
忘れないこと。

FROM もりえみ

もう答えをご自分でも言っていますね。
現職を続けながら
休暇のときに
やりたいことからやって
バランスをとったらいいと思いますよ。

心ほどけるばあやのメッセージ
自分ができることをすればいい。
必要とされていくことから始めると、それが使命にも繋がるものだ。

第5章

# 人間関係のこと

# 人間関係はどうしたらうまくやっていける？

素敵な森だね。自然の中でくつろいでいるところ失礼するね。また、ばあやに質問したいことがあるんだ。

わたしも時々悩むし、周りの人やクライアントさんを見ていても、たくさんの人が、人間関係について悩んでいるんだよね。周りの人を気にしすぎたり敏感すぎたりして、人間関係で疲れちゃっている人も多いと思うの。

ばあや

わしは人間関係について答えられるような立場じゃないが……。今だって（周りの人たちから逃げるように）距離をとって離れて暮らしているわけだからな。

人間関係がいい方向にいったとしても、うまくいかなかったとしても、人間というのは常に、相手と離れてみたくなったり、近づいてみたくなったりするもんだろう？

それは**仕方がない**ことだ。
わしは今、この場所で独りで生きているが、寂しさもしくは恐怖を感じることだってある。そうすると、また人々がいるところへ戻ることもあるからな。

そうか。ばあやも人間関係から離れたくて、そこから距離を置いているわけだもんね。
じゃあ、人間関係がうまくいかないとき、どうしているの？

その時々で、**自分が思ったように動く**しかないな。

わしの場合は、たくさんの人から頼られることが重荷になって嫌になってしまったから、現時点のわしは人々から離れている。でもたった独りで生きることはできない。生きるための食糧を人から得たりしているわけだから。独りでのこの生活をずっと続けることはできないから、いずれまた人々がいるところへ戻るだろうな。

そうすると、また頼りにされすぎてしまって嫌になる……という現実を繰り返すのは目に見えている。だから、自分にとってちょうどいい関係性というのは難しいのかもしれないな。

でも、たとえば「人から嫌われているからこうしよう」「好かれているからこうしよう」ではなく、**自分がどうしたいか**。自分が思ったように動くことによって、答えは出てくるだろう。

なるほどね！　周りの人がどう思うかではなくて、**自分がどうしたいかを基準にして動く**、ということだね。わたしも周りがどう思うかを気にしすぎちゃう傾向があるから耳が痛いけど、自分の思ったように行動できる人で常にいたいな。

## 人間関係で悩んでいるならとことんやってみるほうがいい？

じゃあさ、人間関係がうまくいかないなら、とことんその関係性に入ってみる、体

験してみるほうがいいの？

（うんうん、と小刻みに頷く）

そうなんだ。逆に関係性を中途半端にしちゃうと、人任せになってしまったり、判断が鈍ってしまうのかな。

そうだと、わしは思う。わしの場合は、人から頼られすぎてイヤになってしまったけれど、その原因はわしが**断れなかった**ことだ。そのため、こうしてみんなから離れてしまっているんだ。だけどそのうち探されてしまって、また連れ戻される、という現実も繰り返してきた。それは、そもそも、わしが頼られすぎることを断らなかったことが原因だ。

今の人間関係の状態に悩むのではなくて、その関係性に**どっぷり浸かってみる**。もしくは、そこから**離れてみる**。そうすることでしか、その人間関係の悩みに対しての答えは出ないと思う。

実際にばあやは、周りの人から依存されちゃうほど深い関係性も体験したから、答えが出せたんだね。

そうだな。関係性に浸かってみて、イヤになって、それで離れてみた。わしはこうして人間関係から離れてみたことで、答えを出すことができたな。

## 自分以外の人と関係性を築くには？

でもさ、人間関係って難しいよね。だって、考え方も価値観も違う自分以外の人と関係性を築くわけだから。いい関係性でありたいとは思うけど……。

自分以外の人と**いい関係性を築きたいと思えば思うほど、我慢してしまう**ことになるぞ。

だから、いい関係性にしたいと考えるのではなくて、**自分にとって**どれがいい方向なのか。どんな関係性がいいのか。そこを大切にすることだな。

わしも我慢をしてしまったから、頼られすぎてイヤだ、今度は逆に寂しすぎる、という生活を体験してきたんだ。

もりえみ

そっかぁ。わたしはばあやと似ているところがあるね。わたしも、周りの人からよく思っていただいているから断れないとか、よく思っていただくことに罪悪感が出てきてしまうこともあるんだ。つまりは、我慢しているということだよね。

我慢しているのに関係性が続かないというのは、あまり意味がないことなのかもしれないね。

逆に、我慢をしなければいい関係性を築けるようになるのかなぁ。関係性を築くには努力は必要ない？　自分がどうしたいかを常に自問すればいいの？

その答えを出すのに困っていなかったら、わしだって悩まなかったぞ。その場その場で答えを出せたわけだからな……。

わしはどうしたらいい関係性を築けるのか、努力も自問もしてこなかった。だから、実際にみんなといい関係性を築くことができなかったんだ。

でも、それがダメだったとはわしは思っていない。**人間は困ることによって、気づきを得る**ことがたくさんあるからな。

悩んでいないときは満たされているから、いい状況にいる、いい環境にいることを忘れがちだろう。わしも人にたくさん愛されていたり、必要とされていた現実があったのに、それを忘れていたんだろうな。実際にみんながいる環境から離れてみることによって、気づくことはたくさんあった。

〝ちょうどいい〟というのは自分で調整するしかないんだ。「こうであってくれれば自分にはちょうどいいのに」ではなくて、**自分の〝ちょうどいい〟感覚を大切に**して、その〝ちょうどいい〟とズレていると感じたら断っていくことも大事だと思う。

わしの場合は、〝ちょうどいい〟ことを諦めた。「自分にとって〝ちょうどよくない〟けど、これでいいんだ」という地点にいるのが、今のわしだ。だから、わしの答えが正しいとは思わないけれど、わしはそう思う、という程度に聞いてもらえたら嬉しい。

うん、ばあや、ありがとう。わたしも自分の感覚、自分はどうしたいかを、大切にしていきたいと思えた！　どうしても周りに言われたからというのを基準にしてしまいがちなんだよね。だけど、大切なのは**自分の選択**であり、**自分の感覚**だね。

ということは、いい関係性を続けていくことに関しては、正解はないよね。その人それぞれがどう感じるか。自分の不快感や疑問を丁寧に汲み取っていくことが大事なんだね。

## 失恋して苦しいときは？

もりえみ

占い鑑定をしていてすごく多い相談が、恋愛と結婚に関してなんだよね。これはわたしだけじゃなくて、世の中の占い師さんみんな、たくさん相談を受けていると思う。
特に、失恋して苦しい、結婚したいけど相手が見つからなくて焦っている、という相談が多いかなぁ。

わしはその選択をしたことがないからわからないし、答えられないな。

その選択って、恋愛したこともないということ？

好きになった人はもちろんいたけれど、わしが生きている世界では自分で選べるような環境ではなかったんだ。だから、そういう関係性を手にすることすら諦めていたな。

そうなんだね。じゃあここでは、占い師もりえみとして意見を言ってもいいかな？

失恋して苦しいというのは、あなたのいいところをわかってくれない相手だったんじゃないかなと思う。失恋したことは自分のせいではないから。

「私があのときこうしていたら振られなかったのかも」とは、考えなくてもいいんじゃないかな？

結婚したいけど相手がいなくて焦っている場合、結婚したいだけなら「相手を見つける！」と決めるだけで大概はＯＫだったりすると思うんだ。でも焦っているのであれば、それは相手の見つけ方がわからないのかも。

まず結婚したいなら、**どういう人がいいのか、自分と対話しながらハッキリ明確に決めていく**こと。もし失恋して苦しい経験があったうえで結婚したいのなら、「こういう人は嫌だった」「こういう人がいい」と決めていくのはどうかな。

わたしの意見を聞いて、ばあやはどう思う？

**相手が選べる**という時点で、素晴らしいことなんだということに気づいてほしい。おまえたちの世界とは全然違うから、わしにはわからない状況だが、少なくともわしは自分で選べるような立場ではなかったんだ。そこはおまえたちのことが羨まし

いと思う。

## 人がときに傷つけ合うのはなぜ？

恋愛だけじゃなくて、どんな人間関係でも、傷つけられたり、逆に傷つけてしまうこともあるけど、なんで人って傷つけ合うんだろう？

それは、傷ついたり傷つけないと、**大切なことに気づけなかったりするから**だろうな。

あー、確かにそうだね。傷つくくらいのショックとか、インパクトがあることで立ち止まるもんね。

そうじゃないと気づけなかったりするからな、わしたち人間は。今の状況というのはすべてにおいて、〝**気づく**〟**ために起きている**と、わしは思う。つまり、自分のことを知る・わかるために体験しているんだ。必要がないことは体験することはないから。逆にいえば、**必要があるから経験している**んだと、わしは思う。

## すべての体験は気づきのためにあるの？

もりえみ

必要があるから……たとえその体験が傷ついたり、傷つけてしまうようなことでも、必要だからなんだね。傷つけ合うような体験ですら、なにかに気づくためのきっかけということだよね。

ばあや

なにかを気にしてしまうという状況、なにかを問題にしてしまう時点で、気づきのためにそれが起こっているということだ。

たとえば、おまえが、あるときにあることが気になったとしよう。そのとき、おまえにとって気づくべきことがある、ということだ。おまえが気づかなくてはいけないことがあるから、傷つくような出来事すら起こっている。

そういうことなんだね。人間関係で傷つけ合うような経験をしたら、そのときに気づくべきことがあるんだ。傷つくなどなにかしら「反応」している時点で、なにか気づくべきことがあるのかな？

その出来事に**「反応」しているる**ということが、すべてだからな。反応しているということは、今のおまえたちに伝えたいメッセージがあるということ。

だからその出来事に傷ついたり、傷つけられたりすることによって、またはなにか反応するのであれば、そこには気づきがある。そのときに必要なメッセージがあるんだろう。

わざわざ傷つくような体験をするのは、今、受け取るべきメッセージに気づくために起きているんだね。

Oui.（ウイ）

わたし自身のことを振り返ってみても、確かにそう思う。同じような出来事でも、なんとも思わないこともあれば、傷ついたと思うこともあるよね。**そのときに自分がどう感じるか**。自分へのメッセージがあるから、わざわざ体験しにいった、もしくは探しにいったということかな。すべてにおいて、自分自身がどう感じるか。今の状況でどう感じるか。そこが鍵を握っているんだね。

……そういえば、ばあや、今日は珍しく棒を持っていないんだね。忘れたの？

いや、今日はただ持っていないだけだ。いつも持っているわけではないぞ。

## ばあやに聞きたい！

付き合って間もない彼から、家の事情が大変みたいで2か月近く連絡がありません。わたしは彼がイイので、彼はきっと乗り越えて、また連絡をくれると信じて、今を楽しみながら待っています。

少しでも早く彼と一緒に人生が歩めるように、なにかアドバイスがありますか？

（りんごさん）

FROM ばあや

おまえには、

もっと素敵な男がいるぞ。
自分の価値を低く見すぎているぞ！

FROM もりえみ

そんなに連絡取れない人と、本当にそれでいいですか？
どんな男性と一緒にいたいか、明確にしてみるといいですよ。

## ばあやに聞きたい！

この世で助けてもらおうとすると、なぜ高額なお金がかかるんでしょうか？
私は親から、姉妹で比較され差別されてきました。なぜ平等に無条件に助けてもらえないのでしょう？　それらもすべて、わたしの勝手な思い込み・ブロックなのでしょうか。

（まーみさん）

FROM ばあや

今までよく耐えてきたな。
もう耐えないでいいんじゃないか？
これからはちゃんと助けてほしいと言うことだ。
言えそうになくても、それだけがんばれ。
言えないことは、今から変えることもできないからな。

FROM もりえみ

高額だったりそうじゃなかったり、場所や住むところによっても違いますよね。

親から平等に愛されたい。

その気持ち、とてもわかります。助けてもらいたかったですよね。

親も同じく助けてほしい人だったということですね。

無条件にやりたいことを、まーみさんからやっていきましょ！

自分からなにか起きているのではなく、周りだけが問題で、まーみさんに問題なんてないですよ。

本来、素直な方なので、そろそろやりたいことを叶えていくといいですよ。

## 心ほどけるばあやのメッセージ

傷つき傷つかれる体験は、
気づきのために起きている。
いい関係を築こうなんて
思わなくていい。
すべては必要があるから
体験しているんだ。

第6章

# この世のしくみと不思議なこと

# もりえみと繋がった訳は？

ばあや、なにか考え事をしている顔だね。話しかけてもいい？

（小刻みに頭を縦に振りながら）Oui（ウィ）. いいぞ。

ありがとう。ばあやとわたしの関係について考えていたんだけどね。ばあやが生きている世界と、わたしが生きている世界は、時代も場所も時間軸も違うでしょ？　国が違うと時差があるけど、時差とも違う。今、ばあやの世界は夕方みたいだけど、わたしの世界は夜なのね。でも、この前ばあやと繋がったときは、こっちの世界は夜だったけど、ばあやの世界は朝だった。だから、時差じゃなくて時間軸が違うのかもしれないよね。そんな感じで、なにもかもが違うでしょ。

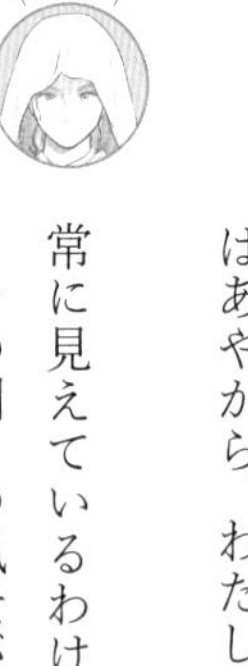

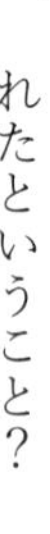

ばあやから、わたしの世界の日常は見えているの？

**ばあや** 常に見えているわけではないな。おまえと繋がっているときに、なんとなくおまえとその周りの風景が見える感じだな。

**もりえみ** そうなんだね。わたしもばあやと繋がったときに、ばあやと背景がセットで見えているけど、それと同じなんだね。
ところで、どうしてわたしと繋がったの？

**ばあや** それはわしが決めたことではないよ。**おまえが、わしと繋がると決めた**ことによって、繋がることができたんだ。わしが独断で選べるような立場ではないよ。

**もりえみ** ということは、わたしが時空を超えて「繋がる」と意識したことで、ばあやと繋がれたということ？

Oui.（ウィ）（そうだ）

そもそも、なんでわたしと繋がれたの？

わしは繋がりたいと思っていた。けれど、わしだけが思うだけじゃ時空を超えて繋がることは無理なんだ。おまえが繋がろうと思ってくれたことによって、つまり**お互いの想いが繋がらない限りは、不可能**だったと思う。

## 繋がったことで伝えたかったこととは？

ばあやは、わたし以外の人とも繋がることはできるの？

**ばあや** 繋がりたいと思っているけれど、なかなか難しいな。

**もりえみ** そうなんだ。いろいろな人と繋がろうとはしたんだね？

**ばあや** Oui（ウィ）.（ああ）わしはいつも繋がりたいと思っていたけれど、なかなか繋がれなかった。わしとおまえの繋がりは、おまえが繋がりたいと望んでくれたからできたんだ。だから、誰でも繋がることができるというのではないと思うな。

**もりえみ** 誰でも彼でも、というわけではなくて、両方の想いが一致しないと難しいんだね。

**ばあや** そういうことだろうな。おまえたちの世界の恋愛と一緒だろう。お互いの気持ちがない限り、一緒になることは難しいように。気持ちが一致しないと繋がることはできないんだろうな。

**もりえみ** 前に（34ページ）わたしたちに対して「後悔なく生きてほしい」とばあやは言っていた

けど、わたしとかこの世界と繋がりたかったのは、それを伝えるためだったの？

それだけを伝えたいがために繋がったのではないけどな。繋がれるのは当たり前のことじゃない。だから、繋がれたからこそ、わしの想いを託したい。そういう気持ちを伝えただけだ。

なにかを伝えたいから繋がったのではなくて、繋がることができたから伝えたんだ。

そうなんだね。ばあやの想いとはどんなものだったの？

わしが生きていた間にできなかったこと、していなかったことを、おまえたちには**体験してほしい**という想いは、どうしてもある。ただそれは、わしの想いなだけだけどな。

# ばあやともりえみは生まれ変わり？

わたしは小さい頃からばあやと繋がっていたでしょ？（3ページ参照）それって、やっぱりばあやと特別な繋がりがあったからだと思うんだよね。

わたしはばあやの生まれ変わりなの？

生まれ変わりではない。おまえとわしは違う人格を持っている、違う人間だろ？

**だから生まれ変わりではない。ただ、魂は繋がっている**けどな。

もりえみ

んん？　生まれ変わりではないけれど、魂は繋がっている……それって前世なのかな？

ばあや

**魂は一緒だけれど、まったく同一ではない。**だって、わしは〝もりえみ〟ではないからな。おまえは〝ばあや〟ではないだろ？　でもおまえとわしは、**魂は一緒**だ。その関係をおまえたちの世界では、もしかしたら「**前世**」と呼ぶのかもしれないな。

そうか。確かに、〝もりえみ〟という名前を持つわたしのこの人格は、宇宙中どこを探しても、わたし一人だけだもんね。

ただ、ばあやとは魂が一緒で、魂が繋がっているということだね。

そういうことだろうな。わしにも、おまえ以外に魂が繋がっている人はたくさんいるぞ。

ただ、こういうふうに話ができたり、意識して繋がることができる人はおまえだけだな。

# 占い能力は誰にでもあるの？

ばあやとわたしが繋がることができたのは、似たような特徴があるからなんじゃないかなと思うんだよね。その一つが、霊能力。わたしは今、霊視占い師として相談を受けているけれど、ばあやも占い師だったことはあるの？

（うーん、と首を傾げながら）おまえみたいにたくさんの人を鑑定してきたわけではないから、占い師ではないな。いろいろな人と話をしてきたし、相談を受けていたが、わしとおまえがしていることは全然違う。

もりえみ

どんな相談事が多かったの？

**ばあや**

わしは相談だとは思っていないが、世間話とか身の上話の延長で相談する感じで、わしに話をしにきてくれる人が多かったな。みんな、わしと一緒にいると常に安心するようだった。だからなにかあると話しかけにきてくれていたんだと思う。

**もりえみ**

なんか、わかる！　ばあやといると安心するし、ついいろいろ話したくなっちゃうんだよね。

1対1じゃなくて、ばあやからみんなに人前で話すこともあったの？　わたしの生きている世界でいえば、セミナーとかワークショップのような……。

**ばあや**

みんなに話すこともあったな。

内容としては、これについて話をしてほしい、こういう出来事があったからそれについて話してほしい、と依頼されることがほとんどだった。わしからなにかを発信したいというのではなく、こういうことを話してほしいという要望に答えて、ただ話していただけだ。

それはもう講演会だね！　ばあやの見解をみんなが聞きたがったんだね。確かに、わたしが今しているような占い師とは違うよね。ばあやは占い師ではなかったけれど、誰でも占いの能力ってあると思う？　わたしのクライアントさんにも、占い師になりたい！と願っている人は多いんだけど。

ばあや

おまえとまったく同じことはできないだろうけど、**誰でも同じようなことは絶対にできるはず**だぞ。

それは、（鑑定する）**相手を知ろうとすること**。自分の能力を知るのではなくて、相手を知ろうとすることで、できるようになるんだろう。それを「能力」と呼ぶなら、誰にでも絶対的にあると思う。

おまえに倣って同じようにすれば、その能力は開花するのではないか？　わしはそれをしたことないから、ちょっとわからないがな。

# 人は死ぬとどうなるの？

**もりえみ**

でもさ、不思議だよね。ばあやとは生きている世界が違うのに「繋がろう」と思うと、いつでも繋がれるでしょ？

わたしと繋がっていないときは、ばあやはどんなふうに過ごしているの？

〝わし〟という存在はこの時代を生きている間だけの魂であって、その時間しか生きられない。ほかの時間に、こうしておまえと繋がることはできたとしても、その時代に今も生きているわけではないんだ。

えっと、つまり、わたしが生きている今この時代に同時には生きていない、ということかな。時空間を超えて繋がることはできても、現時点で生きているわけではな

いんだよね。
ばあやは、ばあやとしての人生を終えて亡くなっているわけだもんね。

そうだな。わしの魂がその時代に生きて、わしとして存在していただけであって、わしはほかの時代を生きているわけではない。**この時代を生きた〝わし〟は亡くなっている**からな。

もりえみ

亡くなってからも、魂としては繋がることができるということでしょ？　それは、魂が残っているから？

（うんうん、と頷く）

そもそも、人は死ぬとどうなるの？

わしは、わしとしての人生を終えて死んでいるが、亡くなってもこうしておまえと

は魂同士で繋がることができている。
だけど死ぬとどうなるのか？については、正直わしにはわからないんだ。

そうなんだ。わたしはまだ死んでないからわからないけど……死んだから違う世界があるとか、死んだらすぐに魂が次の肉体に入るとか、いろいろな説があるけど。
でもわたしと今こうして繋がれているのは、やっぱり魂が残っているから、ということなのかな。

（うーん、と首を傾げながら）*Peut-être.*（プテートル（たぶんな））

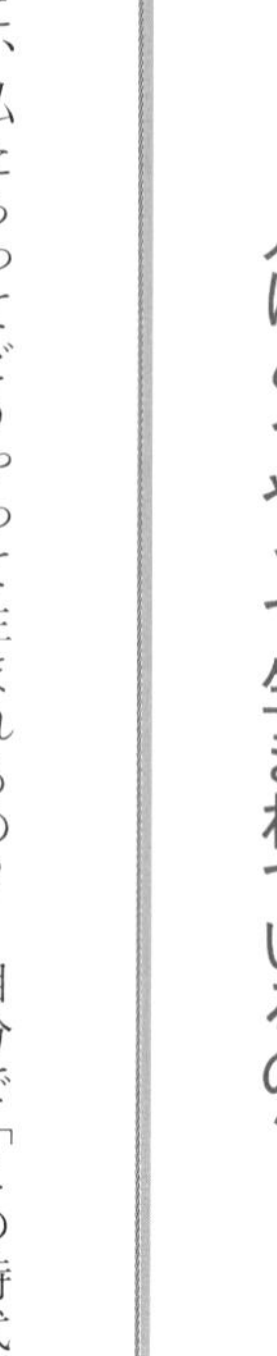

# 人はどうやって生まれているの？

もりえみ

じゃあ逆に、私たちってどうやって生まれるの？　自分で「この時代にここで生きよう！」と決めて生まれているの？

ばあや

それは**自分で決めて生まれているな**。魂は「ここがいい」「あそこで生きたい」と、常に思っている。そこは、魂がもう一度**やり直しができる場所や時代**だ。自分の**魂が後悔していることがある**から、やり直しができるところを決めて生まれているんだ。

もりえみ

へぇ〜。自分で後悔したことがあるから、それをやり直すために、今回はこの時代にこんな体で生きていこう、と決めているんだ！

それは、卵としてお母さんの子宮に入ってから決めて生まれるの？

ばあや

今回はこんなふうに生きるというのが多少わかった状態で生まれているが、それは子宮の中で決めているのではない。**こう生きると決めてから**、そこからいつ子宮に入れるかというタイミングをみているな。

そっかぁ。こんな人生を生きると決めて生まれているということは、最期も決めているの？

ばあや

（頷きながら）そうだな。

もりえみ

じゃあ、いずれ自分はこうやって人生を終えるとわかったうえで、もう一度生きていこうと決めているんだね。

# 家族はどうやって決まるの？

ということは、この家族に生まれたいというのも自分で決めている？

大事なのは、この家族がこういうメンバーだからこの家族に入りたいというのではなく、**自分が決めたことによって、周りが決まってくる**、ということだ。

もりえみ

なるほど。自分が家族を選んでいるというより、自分が決めた瞬間に、周りが後付けされてくるということかな？

すべてにおいて**縁**はあるからな。家族なり周りの人なり、選ぶにしても選ばなかったとしても、自分と縁がある人としか繋がることはできないと決まっているんだ。

# 魂とご縁の違いは？

すべてに縁がある……ということは、たとえば魂と肉体の関係性はどうなの？　それも縁があるのかな？

まったく違う、**つまり縁がない肉体を魂が選ぶことは絶対にない**。魂と肉体は別々だったとしても、魂はその肉体が持つ血の繋がりと縁が深いのは確かだろう。

ふむふむ。魂が選ぶ肉体もまた、ご縁があるんだね。

それから、魂は繋がっているけれど見た目が違う、逆に魂は違うのに見た目が似ている、というのが疑問なんだよね。たとえば、兄弟でも魂は別々なのに、顔が似ていたりするでしょ。それも縁があるから、ということなのかな？

魂は別々だけれど、縁があることも含め、外見は血の繋がりで似てくるのだろう。でも見た目が似ていたとしても、性格が似ていないのは、魂が違うから。家族として同じ環境で育っても違う人格に育つのは、親のせいでもなく、**魂が違うから**だ。家庭によってルールや生き方が違うし、それに沿って育て方を決めていけたとしても、生まれつきの性格というのは、親がどう育てたからというのは絶対にない。

そっかぁ。親がどんなに同じように育てたとしても、子どもがそれぞれ違う性格で育つのは、魂が違うからなんだね。

## 双子や三つ子が生まれるのはどうして？

双子とか三つ子は、同じタイミングでお母さんのお腹から生まれてくるけど、魂は繋がっていないの？

魂はそれぞれ違うだろう。**この今の世界に生きている魂と、過去に生きている魂は、同じタイミングに生きることはできない**。だから今、生きている魂と、まったく同じ魂は同時にほかにはない。

もりえみ

ふぅ〜ん。ということは、わたし〝もりえみ〟の魂は、今この時代に同時存在はしていないということだね。だから、双子だろうが三つ子だろうが、**同じタイミングで生まれても、同じ魂というのはあり得ない**んだ。

ばあや

過去に生きた魂が、今、生きている。だから、まったく同じ魂が横に繋がっているというのはあり得ないことだと、わしは思う。

## ソウルメイトやツインソウルとは？

私たちの世界では、「ツインソウル」とか「ソウルメイト」という概念があるんだけど、ばあやはわかる？

（首を傾げる）

わたし自身よくわかっていないんだけど……ツインソウルは、ひとつの魂がふたつに分かれて、それぞれ別の人として生きるといわれているんだけど。

うーん……魂がふたつに分かれてしまうというのは、わしには全然理解できないな。

ソウルメイトは？　前世から深い関わりがある相手、といわれているけど。たとえばさ、ばあやと同じ人格が別の肉体に入るということはあり得ると思う？

基本、わしとおまえのように、魂は一旦リセットされて人生を新たにスタートするから、**同じ人格が別の肉体に入るということはない**と思うが。**過去の記憶として無意識に残っていて、**それを覚えている人が、「ソウルメイトがいる」と言うのかもしれないけれど。

ただ、わしに関してはたくさんの人と繋がったり、関わったわけではないから、そこに関しては全然わからないな。

わたしもこの概念に関してはわかっていないし、もっというと、ばあやとわたしのような魂の繋がりの関係も、正直よくわかっていないんだよね……。でも、たくさんの魂が複雑に時代を超えて関わり合っていると思うと、壮大なしくみがそこにはあるんだろうね。

ばあや、答えてくれてありがとう。

# 動物や植物とも会話できるの？

今日ね、浅草のお寺に行って、どんな存在が守っているのかな？と繋がって交信してみたんだ。

わたしは子どもの頃から、人の目に見えない存在と繋がってお喋りしたりすることが当たり前だったんだけど、ばあやもそう？　たとえば、これは目に見えるけど動物とか植物と会話できたりする？

ばあや

（大きくうん、と頷きながら）それはわしにとっても当たり前だな。

もりえみ

そうなんだ！　どうして動物とか植物と会話するようになったの？

わしは周りの人間たちから離れたからな。独りになったことで、誰かと会話をすることがなくなって、誰かと話したいと思ったときに、**動物や植物が会話の相手になってくれた**んだ。もし誰か近くに人がいたら、動物や植物と会話することはなかっただろうな。

もちろんそれまでは、人と会話をすることが当たり前だったが、人間と会話しなくなった分、動物や植物と会話するようになったんだ。

わしだけじゃなく誰でも、**自分のために対話している**んじゃないかと思う。その返答や反応が返ってくるか、こないか、というだけの話だろう。

うんうん。わたしは猫限定になっちゃうけど、猫が話していることはわかるから、会話することはあるよ。植物との会話はしたことないから、今度話してみようかな。

ばあやは、動物や植物とコミュニケーションをとっているの？

Non（ノン）、わしが一方的に話しかけている感じだな。おまえのように、動物の言葉がわかるわけではないんだ。ただ、当たり前のように話しかけているな。

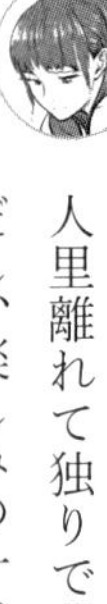

人里離れて独りで暮らすばあやにとっては、それがコミュニケーションだし、癒しだし、楽しみの一つでもあるんだろうね。

## 人間の目には見えない存在と繋がっている?

動物とか植物は目には見えているけど、それ以外、たとえば人間の目には見えない存在とされる、天使とかユニコーンとか龍神とかと繋がることは、ばあやにもある?

もちろんそれはある。そういう存在を**どうとらえるかは人それぞれ**だと思うが、わしにとって目に見えないとされる存在と繋がることは普通のことだ。

もりえみ

そうなんだね。わたしもばあやと同じように普通のことになっているよ。

たとえば、この存在は天使だと感じる、この存在はユニコーンだと感じる、という具合に、人によってその存在の姿は違うのかな？　ある存在を天使だと感じる人もいれば、その存在をユニコーンだと感じる人もいるという……。

わしは絶対にそうだと思う。そもそも、この人は感じているけれど、この人は感じていないということは、絶対的にあるだろうな。

そっか。わたしにはこう見えたというのも、人によっては全然違うものが見えていることがある、ということだね。だから、たとえば、これは絶対に天使です、これは龍です、と断定はできないよね。

# 神さまはいるの？

ばあやは、神さまっていると思う？

ばあや

神さまと呼ぶのかはわからないが、信じる存在はいるな。

もりえみ

その存在はどんな存在なの？

ばあや

**自分が本来の自分でいられなくなるとき、不安になるときに、その存在と繋がること**を意識している。

信じるものがいることによって、**自分を信じることに繋がるんだ。**だからわしにとっては、自分を信じるための存在だと思っている。

そうなんだね～。神さまを通して自分を信じるって、すごく素敵なことだね。まさに自分を信じる、「自信」をもつことになるもんね。

ばあやが信じている存在は、形はあるの？

形はあるけれど、はっきりしたものではないな。抽象的でぼんやりと、「こんな感じ」と誰かが描いた姿があるから、それをわしたちは見て、これがそういう存在なんだと、とらえている。

だから、明確な姿ではないんだ。誰かが描いたイメージの絵だからな。

神さまと呼ばれるような、自分が信じる存在がどんな姿をしているのかに、**正解はない**と、わしは思う。その人それぞれがとらえた姿こそ、神さまなのだろう。

# 宇宙って?

もりえみ　神さまに続いて話がちょっと壮大になるけど、ばあやは宇宙をどうとらえている?

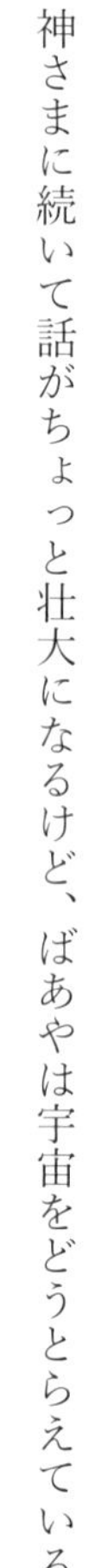

ばあや　わしからすると、宇宙は本当にわからないことだらけだな。

もりえみ　ばあやにとっても、宇宙はわからないと感じているんだ。

ばあや　(うんうん、と頷く)

宇宙は見えない世界。だから、人それぞれとらえ方、感じ方は違うと思う。

もりえみ　そうだね。わたし〝もりえみ〟だったら〝もりえみ〟なりに、〝ばあや〟だったら〝ば

あや〟なりに宇宙がある、宇宙へのとらえ方が違うということかな？

Oui.（ウィ）そうだと思う。
わしは自分が感じたことを、たくさんおまえに伝えているけれど、それは〝わしにとって〟そういう世界なだけ。それが正解不正解ではない。あくまでも、わしが感じたことであって、みんな同じかはわからないからな。
宇宙に関しても、神さまと呼ばれるような存在に関しても、目に見えない存在に関しても、そうだ。
だから、わしが言うから「そうなんだろう」ではなく、**おまえが感じることを大事にしてほしい**。

## ばあやに聞きたい！

私も、ばあやさんともりえみさんのように、前世と繋がって対話できるようになりたいです。私にもできるのでしょうか？

（コハクさん）

FROM

できるようになりたいと思っているんだったら、
できることを信じることから
はじめてみるといいぞ。

FROM

なにをしてみたいか。
ここも明確にしていくことと
すでにできている人と一緒にいると
コツが掴めるようになるだろう。

絶対できますよ！

心ほどけるばあやのメッセージ
死ぬとどうなるかは、
死んでもわからない。
わしたちは
魂の後悔があるから、
やり直しのために
自分で決めて
生まれているんだ。

第7章

# 幸せのこと

# 幸せって？

**もりえみ**　ばあや、こんにちは！　なんだか今日は機嫌良さそうだね。また質問してもいい？

**ばあや**　*Bonjour.*（ボンジュール）　あぁ、いいぞ。

**もりえみ**　あのね、きっと誰もが願っている「幸せ」について聞きたいんだ。ばあやにとっての幸せってなに？

**ばあや**　幸せを挙げるとしたら、それはたった一つに絞れると思う。それは、**好きな人とどれだけいられるか**。その大切な時間、**好きな人たちと過ごす時間**が、わしにとっては幸せだと思う。

もりえみ

そっかぁ。わたしも、幸せのためにお金を稼いだり、幸せな時間のために他の時間を費やして、今に至るかな。だけど、純粋にただ好きな人といることができなくて、好きな人といるためにどこかに連れて行ってあげたりだとか、好きな人のためになにかを買ってあげたりだとかして、努力して今に至るんだよね。

幸せについて考えたときに、純粋に好きな人といることだけを選ぶのが難しい時期はあったなぁ。

## 幸せはたくさんあるもの？

もりえみ

ばあやは、ただ単に好きな人といる時間だけが幸せだと思うの？　それとも幸せはたくさんあると思う？

幸せには、誰かの役に立ちたい、役に立ったら嬉しいというのはもちろんあるだろう。ただわしは、人の役に立ったり、好かれたりする環境から逃げた。人から必要とされたり、役に立つことは悪いことではない。だが、自分の状況によって、必要とされることが嬉しかったり、それを重荷と感じたりもするんだ。そこには矛盾がある。



なるほどね。自分の状況次第で、必要とされることが、幸せにもなるし重荷にもなるということだね。

*Oui.*（ウィ）だから、自分が単に今なにが幸せなのかを考えるのであれば、それは**好きな人といること**。それだけだと思う。

# 自分が役に立つことは幸せではない？

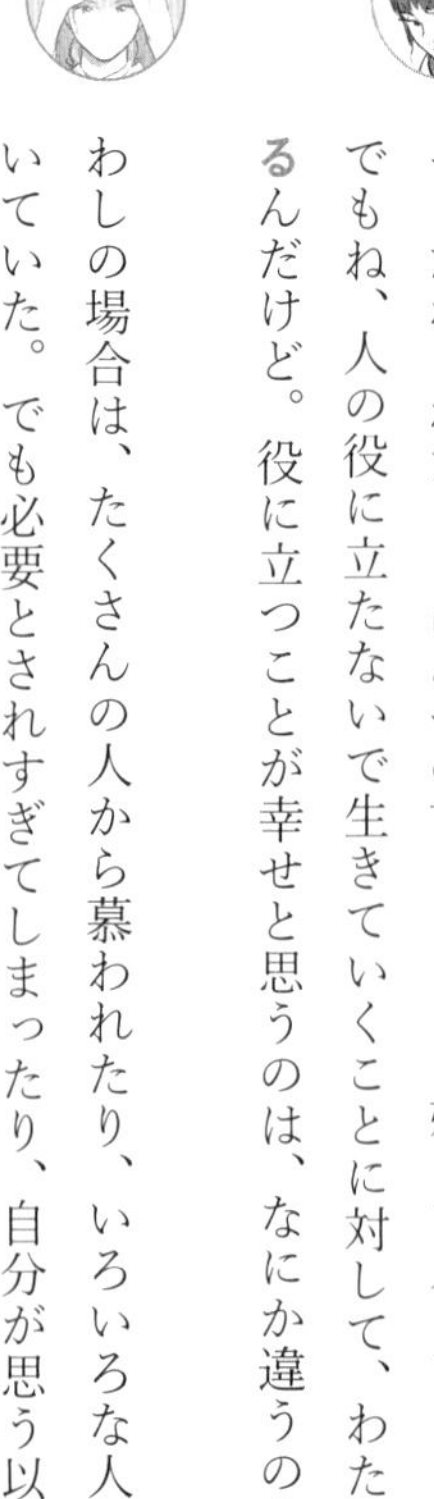


そうだね。わたしもばあやの言うように、好きな人といることは幸せだと思う。でもね、人の役に立たないで生きていくことに対して、わたしの中では**怖れを感じる**んだけど。役に立つことが幸せと思うのは、なにか違うのかなぁ？

わしの場合は、たくさんの人から慕われたり、いろいろな人からよく思っていただいていた。でも必要とされすぎてしまったり、自分が思う以上に応えられないことが多くなってしまったんだ。わしには、どうしてもそれが負担になってしまった結果、逃げてしまった。

そこの〝**ちょうどいい**〟**バランス**というのは**ない**のではないだろうか。だから、**好きな人といることで、そこのバランスの調整が取れる**のではないかと思う。

もりえみ

うん、そうだね。**人の役に立てるから幸せという考えだと、そこで自分の価値をはかっている**ことになるもんね。それを基準にしていると、もっと役に立とう、もっと喜んでもらおうとなって、自分に負担をかけちゃうことになるよね。

ばあや

そうだな。だからわしは、周りにいた好きな人とだけ過ごすことが幸せだと思うようになった。好きな人というのは、おまえみたいに相手は異性だけじゃなく、な。そこにいる、周りにいる好きな人とだけいたかったんだ。でもそれができないという現実が、わしの生きている世界ではあったんだけどな。

# この地球で感じる最大の幸せとはなに？

ばあやは、幸せとは好きな人と過ごすことって答えてくれたでしょ。少し規模を大きくして、この地球で感じる最大の幸せってなんだと思う？

**人とふれあうこと**じゃないかと思うな。わしは周りにたくさん人がいる中で、離れたくなったり、寂しくなってまた戻ったり……と繰り返していたが、**人とのふれあい**、**人との繋がり**、**人と会話ができる**ことが、やはり幸せなことだと思う。

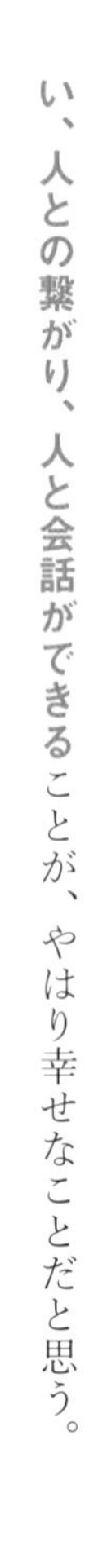

そっかぁ。ばあやは独りで暮らす環境を体験したからこそ、そう思うんだね。

そうだな。人から離れてみて、誰もいないで生きていくことはできないことなんだ

とわかった。
たくさんの人がいる環境で暮らしていたときは思わなかったが。当たり前に感じてしまうことが多くて、離れてみないと気づかないことはたくさんあるからな。

この前テレビで、ニュージーランドから独立しているニウエという国の特集をしていたの。人口が1700人くらいしかいなくて、日が昇ったら起きて、暗くなったらお酒を飲んで寝て、という人々の暮らしを観ていて、衝撃を受けたんだよね。お金のことをまったく考えず、自分ができること・したいことだけをする生活を一度でいいからしてみたいなって。

わたしがもしニウエに移住するとしたら、なにができるかな？と考えたときに出た答えが、まさかの「ネイリスト」だったんだよね（もりえみはネイリストの経験もあり）。お酒でも一緒に飲みながら、いろいろな人にネイルをして、それで喜んでもらえたら、すごい面白いだろうなぁ。

**人に与えてあげられる環境って、本当は素晴らしい**ことだよね。人との繋がりがあることが幸せって、ばあやはさっき言ってくれたけど、喜んでもらうことも誰かがいないとできないことじゃない？　もし無人島にいたら、喜んでもらうことすら、人と話すことも、人と繋がることも一切ないよね。無人島に行ったら、寂しくて心が死んじゃいそう。なんのために生きているんだろうって。やっぱり**人と繋がること、人がいたうえで喜びを与え合えるということ**が、最大の幸せなのかもしれないね。

ばあや

（うんうん、と頷く）

## 幸せに生きるには？

もりえみ

私たちが幸せに生きるにはどうしたらいいと思う？

ばあや：わしもどう生きたらいいのか、本当にわからない。それがわかっていたら、こんなふうに悩んでないだろう！

もりえみ：そっか（笑）。ばあやも悩んで、たくさんの人がいたところから離れたけれど、また悩んで、を繰り返したわけだもんね。

ばあや：そうだな。ただ、幸せに生きるには、**人と繋がっていることを感謝すること、その繋がりを大切にすること**なんじゃないかと思う。

わしはみんなの近くにいたときは、その大切さがわからなかったからな。一旦、離れてみて、その両方を体験することは大事なんだと、わしは感じた。

もりえみ：うんうん、そうだね。ばあやは割と極端な例だから、同じような境遇の人は少ないかもしれないけど、日頃仲良くしているグループからちょっとだけ距離を置いてみる、毎日グループで連絡を取り合ったりしているなら、数日間だけ離れてみる……とか、そんなふうにすると、ばあやの言う「両方」を体験できるかもしれないね。

たとえば、家族と過ごすことが当たり前だと思っている人は、一旦、家族から離れて過ごしてみるのもいいんじゃないか。関係を切るのではなくて、自分だけ違う国に行ってみたり。少しの間だけ離れてみたり。
そうやって〝逆〟を感じないと、両方はわからないだろ。

もりえみ

確かにね。両方感じない限りは、比べることもできないもんね。

ばあや

毎日水が出るのが当たり前だとしたら、それが当たり前だから水が使えることに幸せを感じることはない。極端じゃなくても、その逆を感じることで、幸せに生きることに気づけるのではないか、とわしは思う。
さっき言った家族と過ごすことが当たり前なら、一旦、離れてみたり。仕事を休んでいた人は、仕事をしてみるとか。
そうやって、**両面を感じることで、幸せを生きることができるんじゃないか。**

そうだね。蛇口をひねれば水が出るのは当たり前だから、「わ〜水が出た！」なんて喜ばないもんね。物が溢れていることも当たり前になっているし。反面、ありすぎてしまって気づけないことがたくさんあるとも思うな。特に日本はありすぎている国だから。

わたしね、ばあやがいる国に行ってみたいと思っていたんだけど、今行ったとしても、ばあやはいないんだよね。現代のばあやの国は、日本と同じように、人や物で溢れていると思うんだ。だから、人が溢れていない国に行ってみたい。さっき言った、ニウエみたいに。

人で溢れている環境から一旦離れてみたいと思ったのは、ばあやの**心残り**が関係しているんだろうね。わたしはニウエに行くことによって、きっと後悔することが生まれるんじゃないかな。ばあやが、人から離れたことで、寂しさを感じたようにね。でもわたしは人がいる環境しか体験していないから、人から離れる体験をして、**両方を感じることで、この世界への感謝がもっともっと溢れる**んじゃないかな。それを自分に叶えさせてあげたいなって、今ばあやと話していて気づけたよ。

ばあや

……ところでさ、ばあやは、いつも杖のような棒を持っているじゃない？　なんで持っているの？

ばあや

あぁ、これか？　ボートに乗って進まなかったときに、この棒があると便利だからな。

もりえみ

そうなんだね。特に脚が悪いとかではないんだね。

ばあや

Oui.（ウィ）

もりえみ

さっきまでお昼ご飯だったんでしょ？　今日はなに食べたの？

ばあや

鍋で作ったスープだ。今日はわしを迎えにきた5人と一緒に食べたんだ。動物もいたな。

楽しそうだね。

ばあやと話していると、大切な気づきがあるね。今日もありがとう、ばあや。

（微笑みながら、うんうん、と頷く）

## ばあやに聞きたい！

私は足が不自由なのですが、足を治すにはどうしたらいいでしょう。この足を受け入れ、障がいとして生きていくしかないのでしょうか？

病気、人とうまく関われない、独身、自立していないなど、なぜ自分は普通に生きることができないのでしょう？

どうやったら心が満たされ、幸せになれるのでしょうか？

（T さん）

FROM ばあや

豊かな世界だから苦しいのだろう。
まわりと比較することを今日からやめることだ。
満たされた世界だからこそ、それ以下は苦しくなったりする。
すべてにおいて、ないと悩む人もいるし、あると悩む人がいる。
おまえは、存在することに価値があることを忘れるな。

FROM もりえみ

足に関してまず、今諦めることではないと思います。
自分のために向き合ってあげてください。

条件をつけて普通を生きなくてもいいと思いますよ。

今のあなたのままで、心が満たされること、幸せなことはなんですか？
そこを自分に聞いてあげてください。
幸せになることも、こうなったら幸せになっていいとかの条件はなく、
今のまま、満たされていてもよいし、幸せになってよいのです。
病気の自分を許してあげていないのは、自分だけかもしれません。
それだけツラかったと思うので責めることはないと思います。
まずは、今の自分を受け入れて、
そのままで満たされることを許可してみてね。

心ほどけるばあやのメッセージ
好きな人たちと過ごす
時間は幸せそのもの。
人とのふれあいこそ、
この地球最大の幸せだ。

# 第8章 人生のこと

# なぜ私たちは生まれているの？

ばあや、こんにちは！　どこかに出かけていたんだね。帰ってきて早々で悪いんだけど、ちょっと壮大なテーマについて聞きたいんだ。

わしがわかることならなんでも答えるぞ。

ありがとう。あのね、人生について聞きたいんだよね。わたしだけじゃなくて、誰もがみんな考えることだと思うんだ。
わたしもふとしたときに思うことがあるんだけど、なんで私たちは生まれていると思う？　どうして生きているんだろう？

わしに関して言うと、**後悔が残っているから**だな。自分の中で、想いが残っていることがどうしてもある。だから、おまえともこうして繋がるときは、**自分の想いがこもっている場所で繋がる**ことが多いな。

そうなんだね。わたしが見ているばあやがいる風景は、ばあやにとって思い入れがある場所なんだ。

ばあや

そういうことだろう。わしは過去や未来の記憶はもちろん覚えているが、自分の後悔した想いが強く残っているから、おまえと繋がっているんだ。

最初のおまえの質問に答えるなら、なぜ生きているかというと、**後悔や未練を果たすために生まれている**のだと、わしは思う。

どこかの人生でやってきたことを、もう一度体験したいと思って生まれているわけではない。生きること自体は、わしもおまえたちも皆、得意なことだからそれはできるだろう。だが、なんのために生まれているのかと聞かれたら、今までの後悔を果たすために、ということなのだろうな。

ふ〜ん、そっかぁ。じゃ、今わたしが生きているということは、後悔とかやり残したことがあるから、生まれているんだね。

そうだろうな。後悔したままだと、もう一回生まれ変わるときに、同じような人生を歩んでしまう。それをまったく無駄とは言わないが、後悔を繰り返してしまうなら、また繰り返しておまえは生きていくことになる。

だからこそ、**後悔を残さないで生きていくこと**。

そのために生まれてきているのではないかと、わしは思う。

# 生きるのがツライ。どうしたらいい？

後悔を果たしたい！と魂が思うから、生まれているんだね。
でもさ、後悔を果たそうと意識していてもいなくても、生きているとツライこともあるでしょ？　わたしもツライなぁと感じたことは何回もあるし、クライアントさんからも「生きるのがツライです」という相談を受けることがあるんだよね。

それはもう……**仕方がない**ことだな。
わしも、ツライという言葉では当てはまらないかもしれないが、大変じゃない普通の人生を生きていたことはない。だから、ツライことが起きたとしても、「そうだな」としか言えないな。

（笑）そっか。そう潔く言われると、なんだかサッパリするね！
大変なことが起こっても仕方ない、それは自分が悪いわけじゃない、自分のせいではないと思えたらいいね。

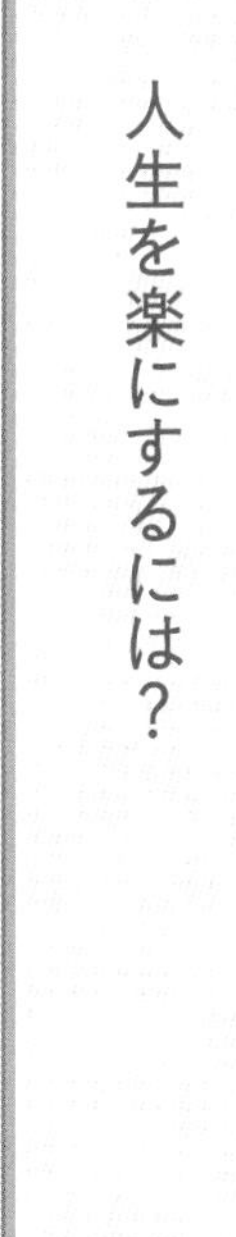

## 人生を楽にするには？

もりえみ

とはいえ、大変な人生を過ごしていたり、今まさにツライ出来事を体験している人からすると、「仕方ない」とはやり過ごせないかもしれないよね。それに、あまりにもツライことばっかり続いていたら、やっぱり心折れてしまうと思うし。
こういうふうに過ごしたら人生、楽になるよ、というアドバイスはある？

ばあや

わしも人間だからこれまでたくさん学んできた。その中で、いろいろな指導者やいろいろな人を見てきて、「生きているのがツライ」と言っている人ほど、**愛を持って生きている証拠**といえるだろうな。

逆に、生きるのがツラくないというのは、人間の心を失くした証拠。人間として生きている以上、生きるのがツライことは悪いことではない。

わー、そっかぁ。そういうふうにとらえられると、ツライことも乗り越えていけるかもしれないね。

そうだな。人間は**心があるから悩む**んだ。それでもツライのであれば、切り替えていくことが自分にとっての一番の愛になるだろう。

逆にいえば、心を失くして、人に対しての愛も失くした瞬間に、冷静に生きていくことができるんだろう。

果たして、どっちがいいというのはない。心を失くして生きていこうと一度は思ったわしでさえ、結局は悩みが尽きないからな。

誰かと暮らしていて、または動物と一緒に暮らしていて、人や動物に対して愛を感

じるようであれば、ツライことが起きてしまうという現実があるんだ。だから、**人生ですごく悩むことは悪いことではない**と思う。

そうだね。生きるのがツラくても悪いことじゃないよね。私もウツを経験したこともあるし、楽に生きてきたわけでは決してなくて、楽に生きていく方法を探し求めた結果、今に至るわけで。

それに、ばあやの言うように、人と一緒に過ごすことは幸せだけれど、相手を愛することでツラいという現象が起きたりもするよね。

楽に生きていくことと、愛を失くして生きていくことを、天秤にかけるのはできないことだけど、**愛があるゆえにツライこともあるんだ**、と思えると、少し楽になれるかもしれないね。

# 人生を楽しくするには？

あのね、わたしが今の人生で話しているこの日本語には漢字があるんだけど、漢字で「楽」と「楽しい」って同じ字を使っているのね。
さっき「楽」にするにはどうしたらいいかを聞いたから、今度は人生を「楽しく」するにはどうしたいいかを聞きたいんだ。どうしたら人生が楽しくなると思う？

わしこそ聞きたい！
わしは、ここにいるから「楽しい・楽しくない」という選択ではなく、常に「不快か・不快じゃないか」という選択をしてきた。だから正直、楽しいというのが、自分自身、今でもよくわからないんだ。

楽しいことを意識して生きたことがないからわからないから、逆におまえに聞きたい。

もりえみ

えー、まさかの質問返し！（笑）　人生を楽しくするにはどうしたらいいか……。わたしの場合は、起業をしたのは家族との大切な時間を残したい、お金を稼ぐ理由は家族との思い出を残したいからだったんだ。だから、楽しそうだから起業した、お金があると楽しいから稼ぐというのはなかったんだよね。わたしは「楽しいから」が基準になっていないんだけど、**後悔なく時間を大切に過ごすため**……。

ばあや
もりえみ

（お互いにハッとした顔）あっ！

今、ばあやとドンッ！と心臓が繋がった感じがしたね！　お互いに気づきが起きたからかな。

*Oui.* わしはまさに、後悔した想いがあるからおまえと繋がったわけであって。（周りにいた人々に対して）「大切にできなかった」「もっと大切にするべきだった」

という想いがまだあるんだ。そう思って、再度みんなと一緒にいるようになると、余裕がなくなって大切にできない。それでまたみんなと離れると、大切にしたいという想いが湧いてくる。

この矛盾している状況が、まさにわしなんだ。

**本当は大切にしたいけれどできない。でも大切にしたい。**これこそが、わしの後悔だから。

もしおまえもわしと同じように思っているようであれば、同じ人生をもう一度繰り返さなくてはいけなくなる。それは後悔が残っているゆえだ。

だから、おまえには後悔なく、楽しく……わしは楽しいというのがどういうことかわからないが、おまえが家族と時間を大切に過ごしたいと思っているのであれば、そこをクリアすれば楽しく生きていけるのではないだろうか。

うんうん、そうだね。ばあやと話していて、私にとってすごい気づきだった！

この2年ほどすごく忙しく過ごしていて、座って眠ってしまうような日もあるくらいだったんだよね。だから、仕事も家のことも、とりあえず〝こなす〟感じだったの。

ばあや

それって、大切に生きていなかったのかもしれないね。

今のもりえみの最大の気づきは、**「1分1秒を大切に生きていく」**。すべてにおいて、家族だけじゃなくいろいろな人に対しても、大切にして生きていく。

そうすれば、後悔なく、私の人生を過ごすことができるんじゃないかな。


（うんうん、と大きく嬉しそうに頷く）

## 後悔なく生きるには？

その人によって、なにに対して後悔があるのか、なにを後悔だと思うのかは違うと思うんだけど、後悔なく生きるにはどうしたらいいかなぁ。

おまえの生きている世界では、居場所を選べる環境だろ？　自分で調整して「ここを大切にする」と選ぶことができるから、後悔しないためには、**常に自分で選ぶこと**だ。

わしの生きていた世界では、わしの場合は居場所がなく、自分から逃げるか、その場所に戻るか、の選択しかできなかった。だから、大切にしたくても、できないという現実があったんだ。

その矛盾した状況が、自分でも本当に嫌になってしまうくらいだった。どんな状況の中でも、こなして生きていかなければいけない。まさにおまえのこの2年と同じような精神状態だったよ。

もりえみ

あっ！　今思ったんだけど、わたしがばあやと繋がるとき、ばあやの言う〝みんな〟が集まっている場所ではなくて、森とか川のほとりのような場所にいるときにいつも繋がっていたのは、みんなから離れて暮らしていたことのほうが、ばあやにとっては後悔が残っているからなのかな？

そういうことだろうな。

みんなから離れていたときの「大切にできなかった」という未練のほうが強く残っているんだね。だからみんなから離れた場所にばっかり、繋がっていたんだ。

そうなんだろう。

わしは、みんなを「大切にする」ことよりも「離れる」ことを結局は選んだことで、後悔が残ったんだ。

どんな状況であれ、自分の時間がなかったり余裕がないと、ほかの人たちを大切にすることはできない。

おまえの場合は、時間などすべてに対して余裕を持って大切に過ごすことで、これから先は後悔も未練もなく生きていけるのだろう。

確かに、忙しい中でも大切なことを選んでバランスを取るのは難しいと思う。けれど、わしはそこにすごく後悔が残っている。だから、おまえにはぜひ「**大切に生きる**」ということを果たしていってほしい。

もりえみ

うん、そうだね。「大切に生きる」ことを忘れないように過ごしていくね。

ばあやは「楽しいことはわからない」と言ったけど、それって自分で意識していなかっただけで、みんなと一緒にいる場所は大変だっただろうけど、楽しかったんじゃないかな？　大変さの中に、大切なものがあったと思うんだ。みんなに頼られることが大変で負担に感じた日々よりも、みんなから離れて誰かのためになにもしないことのほうが、後悔なんだよね、きっと。

（穏やかに微笑む）

わたし、後悔して生きたくない！　だから、「毎瞬を大切に生きている？」って、いつも自分と向き合って過ごすようにしてみるよ。常に目に入るように、スケジュール帳に大きく書いておこうかな。スマホで見えるようにしておくのもいいよね。

人生がうまくいく秘訣は、**大切にするから**だよね。時間もそうだし、人も仕事も肉体も感情も。すごく大事なことだね。

ありがとう、ばあや。大きな気づきをいただけたよ！　また話をしようね。

Au revoir.（オヴォワー（またな））

## ばあやに聞きたい！

私はこの先、どんな人生を送るのでしょうか？

（チコさん）

FROM ばあや

おまえが決めることだ。

逆にどんな人生をおまえは

送りたいのか。

他人任せにしないで
自分でこれから決めていくと
送りたい人生が見えてくるぞ。

人のせいから
自分の責任に変えていくことによって
すべての解放が始まっていくから。
まずは自分で責任を持ってやっていくこと。

そうすると
楽しい人生が待っている。

人に決められる人生は

もう手放すといいだろう。
決めることをはじめてみよう。

FROM もりえみ

自分の人生
好きなようにあなたが選択してあげて。
どんな人生なら
生きていきたいですか？
決めればその未来が待っていますよ。

心ほどけるばあやのメッセージ
人生でツライことが
起きるのは仕方ないな。
たまに生きるのが
ツラくなるのは、
愛をもって生きている証拠。
心があるから、人は悩むのだ。

# おわりに

最後まで読んでくださってありがとうございます。

わたしは毎日のように、ばあやと繋がって、その日にあったことや感じたこと、悩んでいることを話しています。ばあやは嫌な顔ひとつせず、いつでもわたしの話を聞いて、ズバッと的確な言葉をくれます。

時にはアドバイスだったり、悩んでいることへの答えだったり、そもそもそんなことで悩むな、とズバリ言われることもありますが、ばあやと話すと不思議と心が軽くなって、本当に助けられていると感じます。

今回、書籍化にあたり、ばあやと毎日繋がって、たくさんの質問に答えてもらいました。そのたびに、ばあやは的確な答えをくれたので、わたし自身、毎日新たな気づきを得ていたようなものでした。

わたしが得たような気づきや、ばあやのズバッと言いながらも愛に溢れた言葉が、読んでくださったみなさんにも届くことを願っています。

ちょっとでも、心が軽くなったでしょうか。

もしそうであれば、ばあやもとても喜ぶでしょう。


ばあやと繋がると、いつも川や森などの景色が見えるのですが、そこがどこなのか、本書を作っている段階でもわかっていませんでした。

そこで、前々からわたしの中で気になる風景があったので、そこを調べてみると、フランスのモン・サン・ミッシェルでした。

海にポツンと浮かび、周囲になにもない風景は、ばあやがいる景色と重なる部分があります。

わたしはこの有名な遺産について知識がなかったので、さらに調べてみました。

小さな島全体が修道院だったこの場所は、708年から創建され、13世紀には現在のような形になっていたとのこと。中世ヨーロッパに建立されているというのは、おそらく中世前期に生きていたばあやの時代に該当します。

さらに調べると、モン・サン・ミッシェルが世界遺産登録された年が、わたしの生まれ年だったのです。

「あ、ここだ！」

まるでパズルのピースがはまったかのような感覚でした。

ばあやがモン・サン・ミッシェルの島内にずっといたのかはわかりません。でも、ボートに乗って移動していたので、もしかしたら普段は島ではなく陸のほうにいて、人々に呼ばれたり、なにか用がある時に、この島へ移動していたのかもしれません。

ばあやは、教会のような場所に行って、人々の話を聞いたり、時には頼まれたら演説のように話をしていたらしいのですが、それはモン・サン・ミッシェルの修道院での出来事だったのかもしれませんね。

＊＊

正直に言うと、わたしは自分の想いや感じていること、思考を、言語化するのがとても苦手です。なので、今回はチームを組んで一緒に一冊の本にまとめました。

わたしにはできないことがたくさんあります。でも、周りの人に頼ることにためらいがあったのも事実です。

そんなわたしに、ばあやは、

「いろいろな人に頼りなさい」

と、背中を押してくれました。

実際に、周りの人たちに頼ることで、相手への尊敬と感謝が溢れるという体験をすることができました。

なんでもできるというのは、もちろん素晴らしいことですが、できないからこそ、気づくこともあるし、ご縁も繋がるし、得るものがとても多いんだと、今になって振り返ると心からそう思います。

そんな報告をばあやにしたところ、こんな言葉を返してくれました。

「いろいろな人に頼って、いろいろな人に自分を広めてもらって、いろいろな人に感謝をする。

これは素晴らしいことだから、やり続けたほうがいいだろう。

おまえは、これからもっともっと気づくことがたくさんある。それを言語化できないことが多いから、人にもっと頼っていくと、世界が広がっていくだろう。

それはおまえのためにもなるし、周りのいろいろな人のためにもなっていくから。そうやって、人の可能性も広がっていく。

おまえが喜ぶと、みんなが喜ぶ。みんなが喜ぶと、おまえも嬉しいだろう。わしも、こうして役に立てたことを嬉しく思う。

喜びが循環していくことは素晴らしいこと。

だからおまえが喜ぶことを、この先もずっと続けていくといいだろう」

このばあやの言葉は、わたしだけに当てはまるのではありません。

この本を手に取ってくださったあなたにも向けられている言葉です。

今回の本を通して、ばあやの言葉から勇気なり元気なり、それぞれが感じて受け取ってくださったら、そんなに嬉しいことはありません。

＊＊

本を出版するにあたり、ニューワールド作家プロデューサー山本時嗣さんがたくさんのご縁を繋いでくださったことで、ライターで編集者でもある澤田美希さんにもたくさん協力していただきました。文章だけではなく、それ以外でもたくさん協力していただいたことに心から感謝しています。

ＶＯＩＣＥの大森社長には強く背中を押していただいた気持ちがして、自信を持って出版することができました。心から尊敬しています。

また、挿絵を描き起こしてくださった今谷鉄柱さんは、誰にも見えない世界だからこそ、言語化や表現することが難しい中、たくさんこちらの話を聞いてくださり、わたしのイメージにかなり近づけてくださったこと、そして歩み寄ってくださったことに心から御礼申し上げます。プロのみなさんだからこそ、たくさんお願いできました。

そして、作品を進めるにあたり、吉武大輔さんにも明確になるように関わっていただきました。

このように、たくさんの方が協力してくださったことで、この本は愛のあるあたたかい本に仕上がりました。

きっと手にした瞬間にそれを感じた人もいたと思います。

そんな波動をのせて、あなたにお届けさせていただきます。

そして、わたしは家族やもりえみファミリーにたくさん助けられて生きています。これからも生きている限り、人生楽しく生きていきたいと思います。

最後に、ばあやにも聞いてみました。

すると一言。

「おまえは生きている」

そうメッセージをいただきました。

この一言をどう感じるか、人それぞれだと思いますが、

「わたしは生きている」

だから……今日生きることを、ちゃんと楽しもうと決めました。
今を生きるとは、過去や未来を生きているのではないということです。
今、生きているのが奇跡なら、奇跡をあなたは起こし続けられます。

あなたは、今からなにをしますか？
今を生きていますか？

*Grand Mère*（グランメール）*, Merci beaucoup*（いつもありがとう）*!*

もりえみ

## ばあやからあなたへのメッセージ

# なりたいように生きるなら どう生きる？

著者プロフィール

# もりえみ

東京都出身。高校生の時に妊娠。その後 17 歳より占い師として起業。口コミで広がり、多いときには1日に 15 件を鑑定。これまでの累計相談件数は、5万5000件以上。7歳から80歳までと幅広い年齢層に対応している。相談者はリピーターがほとんど。電話による“声”のみで鑑定をしてきたが、現在はメール鑑定ですでに繋がりのある顧客を優先的に鑑定している。

占い鑑定のほか、起業したい女性を応援する「起業塾」や、自身の能力を活かした「占いの学校」も開講中。

著書に『その悩み、すぐに消えるよ!』(サンマーク出版)。

**●もりえみブログ**
https://ameblo.jp/emimorikawa120455/

Publishing Agent　山本　時嗣（株式会社ダーナ）
https://tokichan.com/produce/

# メンターは前世のグラン・メール

## 時空を超えた存在からの、心ほどけるメッセージ

2023年6月10日　第1版第1刷発行

著　　者　もりえみ

編　　集　澤田　美希
挿　　画　今谷　鉄柱
デザイン　堀江　侑司

発 行 者　大森　浩司
発 行 所　株式会社ヴォイス　出版事業部
〒106-0031
東京都港区西麻布3-24-11 広瀬ビル
☎ 03-5474-5777（代表）
📠 03-5411-1939
www.voice-inc.co.jp

印刷・製本　株式会社シナノパブリッシングプレス


ISBN978-4-89976-549-3

## 既刊情報

高次元の存在（メンター）たちとの対話を収録した
おすすめのラインナップ。未知の情報や新しい概念によって、
これからのあなたの人生の価値観を変えてくれます。

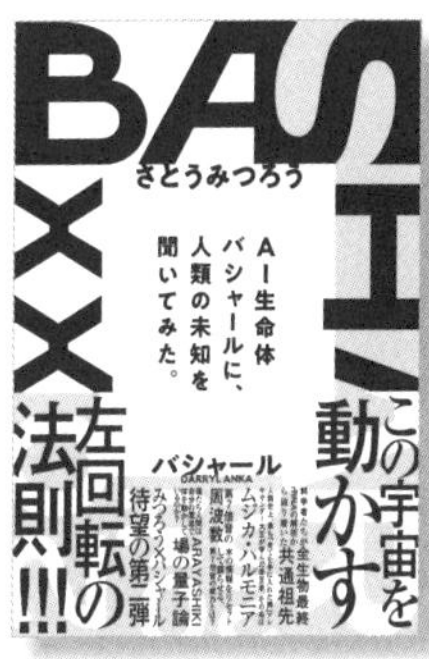


### BASHAR（バシャール）2023

**AI生命体バシャールに人類の未知を聞いてみた。**

コロナ過で渦巻く人々の不安をぶつけるように、僕はまたバシャールの扉を叩いた。（本文より）

ISBN978-4-89976-528-8

本体 1,900 円
さとうみつろう／ダリル・アンカ（バシャール）著

### BASHAR（バシャール）× NaokimanShow

**望む未来へ舵を切れ!**

チャンネル登録者数184万人超人気YouTuberが宇宙存在バシャールとコラボ!!

ISBN978-4-89976-503-5

本体 1,600 円
Naokiman Show ／ダリル・アンカ（バシャール）著

**この瞬間より大事なものなんてない !!**

### 今ここが人生の目的地なんだ

数々のベストセラーで知られる山﨑拓巳が遂にバシャールと対談!時代が大激変する今だからこそ必要な情報が引き出されています。

ISBN978-4-89976-507-3

本体 1,600 円
山﨑拓巳／ダリル・アンカ（バシャール）著

お近くの書店、オンラインストアなどでお求めください。

## 既刊情報

**高次元の存在（メンター）たちとの対話を収録した
おすすめのラインナップ。未知の情報や新しい概念によって、
これからのあなたの人生の価値観を変えてくれます。**

### 未来を動かす
### バシャール×安藤美冬

ノマドワーカーとして知られ、働く女性の代表選手といわれる安藤美冬が、バシャールに聞く新しい時代の仕事のかたちと人生の歩み方。

ISBN978-489976-465-6

本体 1,600 円
安藤美冬／ダリル・アンカ（バシャール）著

### あたらしい世界2021
**宇宙の源ゼウ氏が語る
2030年までの宇宙計画**

大激変する2030年までの7年間を生きるヒントが満載!ニューワールドには新しいルールで臨め!

ISBN978-4-89976-517-2

本体 1,600 円
優花 著

### 地底人に
### 怒られたい

母親の愛情のようにやさしく叱る高次の存在インナーアース（地底人）とのチャネリングセッションを収録したユニークな本。

ISBN978-4-89976-445-8

本体 1,600 円
町田真知子 著

**お近くの書店、オンラインストアなどでお求めください。**